Hobbit Presse / Klett-Cotta

Gustavo Adolfo Bécquer

DIE GRÜNEN AUGEN

PHANTASIESTÜCKE

Aus dem Spanischen übersetzt
von Fritz Vogelgsang

DAS TEUFELSKREUZ

Ob du es glaubst oder nicht,
ist mir ziemlich gleichgültig.
Mein Großvater berichtete es
meinem Vater, mein Vater hat es
an mich weitergegeben, und ich
erzähle es jetzt dir, sei es auch
nur zum Zeitvertreib.

I

Die Dämmerung breitete allgemach ihre flaumleichten Flügel aus Dunst über die malerischen Ufer des Segre, als wir nach einem mühsamen Tagesritt bei Bellver anlangten, dem Ziel unserer Reise.

Bellver ist eine kleine Ortschaft, am Hang eines Hügels gelegen, hinter dem man, als wären es die gestuften Ränge eines kolossalen Amphitheaters aus Granit, die steilen, nebelverhangenen Kämme der Pyrenäen emporsteigen sieht.

Die weißen Weiler, die das Städtchen umlagern, locker verstreut auf einem wogenden Leilach aus lauter Grün, wirken aus der Ferne wie ein Schwarm von Tauben, die sich niedergelassen haben, um ihren Durst zu löschen an den Wassern der Aue.

Ein kahler Fels, zu dessen Füßen der Fluß mit einer Windung seinen Kurs wechselt und auf dessen Gipfel sich noch Spuren eines Bauwerks erahnen lassen, bezeichnet die Markungsgrenze zwischen der Grafschaft Urgel und dem bedeutendsten seiner Lehen.

Zur Rechten des geschlängelten Pfades, der zu diesem Punkt führt, indem er den Wasserlauf überquert und seinen Kurven, seinen dichtbelaubten Gestaden folgt, befindet sich ein Kreuz.

Der Stamm und seine beiden Arme sind aus Eisen; die runde Basis, auf der es steht, ist aus Marmor; und die Vortreppe des Postaments besteht aus dunklen, zerbrochenen, notdürftig verfugten Quadersteinen.

Die Zerstörungsmacht der Jahre, die das Metall mit Rost überzog, hat das Steinwerk dieses Monuments zerstückt und zernagt; und aus den Ritzen wachsen Kletterpflanzen, die sich anklammern und emporklimmen, bis sie das Ganze bekrönen, während eine alte, knorrige Steineiche ihm als Baldachin dient.

Ich war meinen Reisegefährten ein paar Minuten voraus. So ließ ich mein dürres Reittier haltmachen und betrachtete in Stille jenes Kreuz, den stummen, schlichten Ausdruck der Glaubenslehren und der Frömmigkeit früherer Zeiten.

Eine ganze Welt von Ideen überflutete in jenem Augenblick meine Phantasie. Schwebend leichte Ideen ohne bestimmte Gestalt, die wie ein unsichtbarer Faden aus Licht sich verwoben mit der tiefen Einsamkeit jener Gegend, der hohen Stille der nahenden Nacht und der schweifenden Schwermut meines Geistes.

Gedrängt von einem religiösen Gedanken, der mich spontan und unerklärlich überkam, stieg ich unwillkürlich aus dem Sattel, nahm die Kopfbedeckung ab und begann auf dem Grunde meines Gedächtnisses nach einem jener Gebete zu suchen, die man mir beigebracht hatte, als ich noch ein Kind war; nach einem jener Gebete, die, wenn sie uns später einmal unabsichtlich über die Lippen kommen, die bedrückte Brust zu erleichtern scheinen und, wie die Tränen, den Schmerz lindern, der auch in dieser Weise sich ergießt, um sich zu verflüchtigen.

Schon hatte ich ein paar Worte gemurmelt, als ich

unversehens spürte, daß man heftig an meiner Schulter rüttelte.

Ich drehte den Kopf: ein Mann stand neben mir.

Es war einer der Einheimischen, die uns den Weg wiesen. Mit einem unbeschreiblichen Ausdruck des Entsetzens im Gesicht machte er verzweifelte Anstrengungen, mich fortzuzerren und meinen Kopf mit dem Filz zu bedekken, den ich noch in meinen Händen hielt.

Mein erster Blick, halb erstaunt, halb zornig, war soviel wie eine schroffe, wenngleich stumme Frage.

Der arme Mann antwortete darauf, ohne daß er im mindesten nachließ in seinem Eifer, mich wegzuschleppen von jenem Ort, mit den folgenden Worten, die ich damals nicht begreifen konnte, aber doch einen Klang von Wahrheit an sich hatten, der mich betroffen machte:

„Beim Andenken Ihrer Mutter! Bei dem Allerheiligsten, das es für Sie gibt auf der Welt, junger Herr, bedecken Sie Ihren Kopf und machen Sie, daß Sie wegkommen von diesem Kreuz, so schnell Sie die Beine tragen! So verzweifelt sind Sie, daß Ihnen die Hilfe Gottes nicht genügt und Sie den Teufel um Beistand angehen?"

Ein Weilchen schaute ich ihn wortlos an. Offen gesagt, ich glaubte, er sei verrückt; doch er fuhr mit unverminderter Dringlichkeit fort:

„Sie suchen die Landesgrenze. Nun, wenn Sie vor diesem Kreuz da den Himmel anflehen, so werden die Gipfel der benachbarten Berge binnen einer Nacht bis zu den Sternen emporwachsen, nur damit wir unser Lebtag nimmer zu der Länderscheide finden."

Ich mußte lächeln.

„Das gaudiert Sie? ... Meinen Sie etwa, dies da sei ein heiliges Kreuz, wie das in der Vorhalle unserer Kirche?"

„Wer würde daran zweifeln?"

„Da täuschen Sie sich gründlich; denn dieses Kreuz hier ist – ungeachtet dessen, was es von Gott hat – vermaledeit . . .; dieses Kreuz gehört einem bösen Geist, und darum wird es Das Teufelskreuz genannt."

„Das Teufelskreuz!" wiederholte ich, während ich seinem Drängen nachgab, ohne selber recht zu merken, wie eine namenlose Angst sich allmählich meines Geistes bemächtigte, eine Angst, die wie eine unbekannte Kraft mich fortstieß von jenem Ort. „Das Teufelskreuz! Nicht im Traum ist mir jemals eine derart irrwitzige Verquickung zweier so unvereinbarer Begriffe durch den Kopf geschossen! . . . Ein Kreuz . . . und der Teufel! Bewahre! Diesen ungeheuerlichen Aberwitz mußt du mir unbedingt erklären, sobald wir in der Ortschaft sind."

Während dieses kurzen Wortwechsels waren unsere Gefährten, die ihren Reittieren die Sporen gegeben hatten, zu uns gestoßen – vor dem Kreuz. Ich sagte ihnen mit wenigen Sätzen, was sich soeben begeben hatte; ich schwang mich wieder auf meinen Klepper, und die Glokken der Pfarrkirche riefen geruhsam zum Gebet, als wir im Hof der hinterwinkeligsten, schäbigsten Herberge von Bellver abstiegen.

II

Die roten und blauen Flammen umspielten knisternd und funkensprühend den klotzigen Steineichenstorren, der auf der breiten Herdstatt brannte; unsere Schatten, die sich flackrig auf den rauchgeschwärzten Wänden abzeichneten, schrumpften zusammen oder reckten sich ins Riesenhafte, je nachdem, ob das Geloder eine mächtigere oder schmächtigere Helle auswarf; der Holunderbecher, bald leer, bald gefüllt – und nicht mit Wasser wie ein Tonkübel am Schöpfrad –, hatte schon dreimal die Runde gemacht in dem Kreis, den wir rings um das Feuer bildeten, und alle warteten mit Ungeduld auf die Geschichte vom Teufelskreuz, die uns als Nachtisch zu dem soeben beendeten schlichten Mahl versprochen worden war, als unser Reiseführer sich zweimal räusperte, sich noch einen letzten Schluck hinter die Binde goß, mit dem Handrücken seinen Mund abwischte und folgendermaßen anhob:

„Lang, lang ist's her, ich weiß nicht, wie lange, aber die Mauren hielten noch den größten Teil Spaniens besetzt, unsere Könige hießen noch Grafen, und die Marktflecken und Dörfer waren Lehnsgüter gewisser adliger Herren, die ihrerseits durch Treueschwur anderen, mächtigeren Herren verpflichtet waren, als das geschah, was ich euch jetzt berichten will."

Nach dieser knappen historischen Einleitung verhielt der Mann des Abends, schwieg ein paar Sekunden, als wollte er seine Erinnerungen ordnen, und fuhr dann fort:

„Also, in jener fernen Zeit gehörte dieser Flecken samt einigen anderen zum Erbe eines vornehmen Freiherrn, dessen Burg jahrhundertelang hoch droben auf der Kuppe eines Felsblocks stand, den der Fluß umspült, der Segre, von dem die Feste ihren Namen hat.

Noch immer zeugen für die Wahrheit meiner Geschichte ein paar dürftige Mauerreste, die, von Moos und Rauken überwuchert, in ihrer Höhe dort zu gewahren sind, von dem Weg aus, der zu diesem Ort hier führt.

Das Schicksal wollte es – ich weiß nicht, ob zum Glück oder zum Unglück –, daß dieser Herr, den seine Vasallen verabscheuten wegen seiner Grausamkeit und den, seiner üblen Eigenschaften wegen, der König nicht bei Hofe duldete und die Leute vom Ort nicht in ihre Wohnungen einließen, es satt bekam, so allein mit der eigenen miesen Laune und seinen Armbrustschützen auf dem Felsen droben zu hausen, an den seine Vorfahren ihr steinernes Nest geklebt hatten.

Tag und Nacht zerbrach er sich den Kopf, um eine Zerstreuung ausfindig zu machen, die seinen Neigungen entspräche; was gar nicht so einfach war, nachdem es ihm bereits keinen Spaß mehr machte, Fehden mit seinen Nachbarn anzuzetteln, seine Knechte zu verprügeln und seine Untertanen aufzuknüpfen.

In dieser Lage, so erzählen die Chroniken, kam ihm, obwohl er alles andere als ein Tugendspiegel war, eine gute Idee.

Als er erfuhr, daß Christen aus anderen Nationen sich zum Heerzug gesammelt hatten und mit einer gewaltigen Flotte aufgebrochen waren zur Fahrt in ein wunderbares Land, um dort das Grab unseres Herrn Jesus Christus zu erobern, das die Mauren in ihrer Gewalt hatten, beschloß er, sich gleichfalls auf den Weg zu machen und ihrem Beispiel zu folgen.

Ob er diese Idee zur Tat machte, um Buße zu tun für seine Sünden, welche nicht wenige waren, sein Blut vergießend für eine so gerechte Sache, oder bloß aus der Absicht, sich irgendwohin zu begeben, wo niemand etwas wußte von seinen üblen Gepflogenheiten, entzieht sich unserer Kenntnis; Tatsache ist jedenfalls, daß er, zur großen Freude von groß und klein, von Vasallen und Standesgenossen, soviel Geld auftrieb, wie er nur irgend konnte, seine Ortschaften gegen eine happige Summe freigab und lossprach von allen Lasten, aller Fron, keinerlei Eigentum für sich behielt, außer dem Segrefelsen samt den vier Türmen der Burg, die er von seinen Vätern geerbt hatte, und über Nacht verschwand.

Die ganze Gegend atmete auf, fühlte sich für eine Weile frei und unbeschwert, als wäre man aus einem Albtraum erwacht.

Nun hingen nicht mehr, an Stelle von Früchten, Menschenbündel im Geäst ihrer Obsthaine; ohne Furcht gingen die Mädchen des Ortes mit dem Krug auf dem Kopf aus dem Städtchen hinaus, um Wasser zu holen beim Brunnen an der Landstraße; und die Hirten führten ihre Herden nicht länger auf verborgenen, unwegsamen Steigen zum Segre, bangend vor jeder Biegung des Pfades, dahinter könnten die Armbrustschützen ihres vielgeliebten Herrn zum Vorschein kommen.

So vergingen drei Jahre. Die Geschichte vom Bösen Ritter – denn einzig unter diesem Namen war er den Leuten bekannt – wurde allmählich zu einer Angelegenheit, die nur noch die alten Frauen beschäftigte, welche an den endlos langen Winterabenden sie mit hohler, furchterregender Stimme den staunenden Kleinen erzählten. Die Mütter schreckten die widerborstigen oder quengeligen Knirpse mit der Ankündigung: ‚Gleich kommt der Ritter von der Segreburg!' Und siehe da, ich weiß nicht, ob eines Tages oder eines Nachts, ob vom Himmel herniederfallend oder ausgespien vom Höllenschlund, erschien tatsächlich der gefürchtete Ritter, und zwar, wie man zu sagen pflegt, als Mensch von Fleisch und Blut, mitten unter seinen ehemaligen Vasallen.

Ich verzichte darauf, die Wirkung dieser netten Überraschung zu schildern. Ihr könnt sie euch vorstellen, viel besser, lebhafter, als ich sie ausmalen könnte. Es genügt, wenn ich euch sage, daß der jählings wieder Aufgetauchte seine verkauften Herrschaftsrechte zurückforderte; daß er, der als Bösewicht sich aus dem Staube gemacht hatte, als ein noch üblerer Schurke heimkehrte; und daß er, der ein Habenichts von schlechtem Leumund gewesen war, ehe er in den Krieg zog, nun keinerlei Mittel mehr hatte, außer seiner Bedenkenlosigkeit, seiner Lanze und einem halben Dutzend von Abenteurern, die so gewissenlos und verderbt waren wie ihr Anführer.

Natürlich weigerten sich die Ortschaften, Abgaben zu leisten, nachdem sie sich für teures Geld aller Tributpflichten entledigt hatten; aber der Ritter steckte ihre Häuser, Höfe und Kornfelder in Brand.

Da appellierten sie an die Reichsgerichtsbarkeit; aber der Ritter verhöhnte die Rechtsbescheide von seiten der gräflichen Oberherrschaft, nagelte die Briefe an das Hinterpförtchen seiner Turmfeste und erhängte die Überbringer an einer Steineiche.

Verbittert und empört, verzweifelt, weil sie sich keinen Rat mehr wußten, keine Hilfe mehr erhoffen konnten, taten sich die Bürgersleute und Bauern schließlich zusammen, gaben sich der göttlichen Vorsehung anheim und griffen zu den Waffen; aber der Ritter rief seine Anhänger und Spießgesellen, rief den Teufel zu Hilfe, erklomm seinen Felsen und rüstete sich für den Kampf.

Dieser entbrannte schrecklich und blutig. Man focht mit allen Waffen, allerorten und zu allen Stunden, mit Schwert und Feuer, im Gebirge und in der Ebene, bei Tag und bei Nacht. Man kämpfte nicht mehr, um zu leben, sondern lebte, um zu kämpfen.

Am Ende siegte die gerechte Sache. Hört, wie das zuging:

In einer finsteren, stockfinsteren Nacht, als kein einziger

Laut auf der Erde zu hören war, kein einziger Stern am Himmel funkelte, teilten sich die Mannen von der Felsenburg, denen ein frischer Sieg zu Kopfe gestiegen war, die Beute; betrunken, vom Schnapsdunst umnebelt, torkelnd in irrer, lärmender Orgie, stimmten sie lästerliche Lieder an zum Lobe ihres infernalischen Schirmherrn.

Wie gesagt, rings um die Burg war alles still, nur der Widerhall der Lästerungen war zu hören, die verloren aufzuckten im düsteren Schoß der Nacht, zuckend wie die Seelen der Verdammten, umschlungen vom Wirbelwind des Höllenschlunds.

Die achtlosen Wächter hatten gelegentlich mal zu dem Städtchen hinabgelugt, das in ruhigem Schlummer dalag, und waren, keiner Überraschung gewärtig, auf den stämmigen Schaft des Speeres gestützt, sorglos eingenickt, als auf einmal ein paar todesmutige Landmänner im Schutz der Dunkelheit den Segrefelsen zu erklettern begannen, dessen Gipfel sie gegen Mitternacht erreichten.

Was sie, oben angelangt, noch zu tun hatten, war das Werk von Minuten: die Wachtposten übersprangen mit einem einzigen Satz die Barriere, die den Schlaf vom Tode trennt; das Feuer, mit harztropfenden Kienspanfackeln an Zugbrücke und Fallgatter gelegt, griff geschwind wie der Blitz auf die Mauern über; und die Eindringlinge, die sich, begünstigt von der allgemeinen Verwirrung, mitten durch die Flammen hindurch eine Bahn brachen, erledigten die Bewohner jener Halunkenhöhle im Handumdrehen. Keiner überlebte.

Als der nahende Tag die Spitzen der hohen Wacholderbäume erschimmern ließ, rauchten noch die ausgeglühten Trümmer der eingestürzten Türme; und durch das klaffende Gemäuer war schon von weitem, aufblitzend beim

Einfall des Lichts, baumelnd an einem der schwarzen Pfeiler jenes Saales, in dem das Gelage stattgefunden hatte, die Rüstung des gefürchteten Bandenchefs zu gewahren. Sein Leichnam lag, blutverschmiert und von Staub bedeckt, zwischen Fetzen von Gobelins und Haufen heißer Asche, mitten im leblosen Durcheinander der Leiber seiner finsteren Kumpane. ....

Die Zeit verging; allmählich kroch Brombeergestrüpp über die verödeten Innenhöfe, der Efeu hangelte sich, an die dunklen Strebepfeiler und Widerlager geklammert, empor, und die Kaiserwinden hingen gar von den Zinnen herab und ließen ihre blauen Glöckchen schaukeln. Das wechselhafte Wehen des Windes, das Gekrächze der Nachtvögel und das Rascheln der Reptilien, die durchs hoch aufgeschossene Unkraut glitten, unterbrachen nur ab und zu die Totenstille jenes verfluchten Ortes; die unbegrabenen Gebeine seiner ehemaligen Bewohner schimmerten bleich im Mondschein, und noch immer konnte man die Bewaffnung des Ritters von der Segreburg gebündelt an dem schwarzen Pfeiler des Bankettsaals baumeln sehen.

Niemand wagte es, sie anzurühren; aber tausend Geschichten waren im Umlauf, die sich mit diesen Relikten befaßten; Geschichten, die immerzu Gruseln und Geraune auslösten bei all denen, die das flammende Gleißen erblickten, wenn das Licht der Sonne darauf fiel, oder tief in der Nacht den metallischen Klang zu vernehmen glaubten, mit dem die einzelnen Teile aneinander schlugen, wenn der Wind sie bewegte, mit langgezogenem, traurigem Seufzen.

Doch soviel an Fabelei sich auch um die Rüstung rankte,

soviel Gemunkel unter den Leuten der Umgebung die Runde machte – all diese Geschichten blieben bloße Gerüchte, und das einzige Übel, das sie tatsächlich im Gefolge hatten, beschränkte sich dazumal auf eine etwas erhöhte Anfälligkeit für Angst, die ein jeder so gut wie möglich zu verheimlichen trachtete, indem er, wie man zu sagen pflegt, sein Herz in die Hand nahm, damit es nicht in die Hosen rutschte.

Wäre es dabei geblieben, so hätte das keinen Schaden bedeutet. Aber der Teufel, der anscheinend noch nicht zufrieden war mit dem, was er angerichtet hatte, brachte – zweifellos mit der Erlaubnis Gottes und zur gemeinschaftlichen Buße für gewisse Sünden – erneut seine Finger ins Spiel.

Von diesem Moment an gewannen die Schauermären, die bis dahin nichts weiter als verschwommenes Gerede ohne irgendwelche realen Anhaltspunkte waren, zunehmend an Habhaftigkeit; sie wurden von Tag zu Tag wahrscheinlicher.

In der Tat: seit einigen Nächten konnte die ganze Ortschaft eine seltsame Erscheinung beobachten.

Man sah in der Dunkelheit, fern da drüben, bald an den verwinkelten Steilhängen des Segrefelsens emporsteigend, bald umherschweifend zwischen den Ruinen der Burg, bald in den Lüften schwebend – so schien es –, ein Huschen, Durcheinanderwimmeln, Verschwinden, neuerliches Auftauchen und Auseinanderstieben von geheimnisvollen, phantastischen Lichtern, deren Herkunft niemand zu erklären wußte.

Das wiederholte sich binnen eines Monats in drei oder vier Nächten, und die verdutzten Leute warteten voller Unruhe auf die Folgen jener verschwörerischen Zusammenkünfte, Folgen, die gewiß nicht lange ausbleiben würden, als auch schon drei oder vier abgebrannte Höfe, ein paar verschwundene Stück Vieh und die Leichen einiger abgestürzter, zerschmettert in Schluchten liegender Wanderer das Volk im Umkreis von zehn Meilen alarmierten.

Nun war nicht mehr daran zu zweifeln: Eine Bande von Übeltätern hatte sich in den Kellergewölben der Burg eingenistet.

Hatten sie sich anfänglich nur hin und wieder gezeigt, und nur an bestimmten Stellen des Waldes, der sich auch heutzutage noch am Flußufer hinzieht, so besetzten sie schließlich fast alle Engpässe des Gebirges, legten sich an den Wegrändern auf die Lauer, plünderten die Täler aus und stürmten tobend wie ein Wildwasser herab ins flache Land, wo sie in blindwütiger Willkür alles kurz und klein schlugen.

Die Morde häuften sich, die Mädchen verschwanden, die Kinder wurden, ohne Rücksicht auf das Jammern der Mütter, aus den Wiegen gerissen, um dann bei diabolischen Gelagen auf den Tisch zu kommen, wo die Tafelnden – wie man allgemein glaubte – mit den geraubten Kelchen, die aus den geschändeten Gotteshäusern verschleppt worden waren, pokulierten.

Der Schrecken beherrschte schließlich in einem solchen Maß die Gemüter, daß sich nach dem Abendläuten kein Mensch mehr aus dem Hause wagte, in dem man sich auch nicht immer sicher fühlte vor den Banditen vom Felsennest.

Aber wer waren diese? Woher waren sie gekommen? Wie hieß ihr mysteriöser Anführer? Daran rätselten alle herum, und keiner konnte es sich damals erklären, obwohl man natürlich bemerkte, daß die Rüstung des Feudalherrn nicht mehr an dem Platz war, wo sie gehangen hatte, und einige Bauern daraufhin behaupteten, daß der Hauptmann jener ruchlosen Horde, wenn er an der Spitze seines Gesindels marschiere, eine Rüstung trage, die, falls sie nicht ein und dieselbe sei, doch der alten aufs Haar gleiche.

Zieht man die Phantasiebeigaben ab, mit denen die Angst ihre Lieblingskreaturen ausstaffiert und aufplustert, so bleibt nichts an dem wieder und wieder Beredeten, was übernatürlich oder auch nur seltsam gewesen wäre.

War es denn nicht etwas Hundsgewöhnliches, daß Banditen sich durch Grausamkeiten auszeichneten? War es nicht das Natürlichste von der Welt, daß der Bandenchef sich die herrenlosen Waffen des Ritters von der Segreburg aneignete?

Dennoch, gewisse Enthüllungen, die einer seiner Gefolgsleute, in Gefangenschaft geraten bei einem der jüngsten Scharmützel, von sich gab, ehe er starb, überstiegen das Maß des Faßlichen und stürzten auch die Ungläubigsten in tiefe Besorgnis. Was der Sterbende gestand, lautete ungefähr so:

‚Ich', sagte er, ‚entstamme einer adligen Familie. Die Ausschweifungen meiner Jugend, meine irre Verschwendungssucht und meine Verbrechen zogen den Zorn meiner Verwandten auf mein Haupt, und den Fluch meines Vaters, der mich enterbte, als er verschied. Wie ich mich nun ganz allein und völlig mittellos auf mich selbst gestellt sah, gab mir der Teufel – er und kein anderer muß es gewesen sein – den Gedanken ein, einige junge Leute um mich zu scharen, die sich in einer ähnlichen Lage befanden. Verlockt durch die Verheißung eines flotten Lebens in Freiheit und Überfluß, zögerten sie keinen Augenblick, sich meinem Vorhaben anzuschließen. Dieses bestand schlicht und einfach darin, eine Bande lustiger, leichtfertiger und unerschrockener Burschen zu bilden, einen tollen Haufen, der fröhlich leben sollte vom Ertrag der eigenen Kühnheit und auf Kosten des Landes, bis es Gott dereinst belieben würde, einem jeden sein Stündlein zu bescheiden nach seinem erhabenen Willen, wie es mir heute widerfährt. In dieser Absicht bestimmten wir die hiesige Gegend zum Schauplatz unserer künftigen Beutezüge und erwählten als den geeignetsten Ort für unsere Zusammenkünfte die verlassene Segreburg, einen Platz, der durch seine Lage den Schutz einer natürlichen Festung gewährt, noch mehr aber gesichert wird vor dem gemeinen Volk durch die Mächte des Aberglaubens und der Angst. Als wir dort eines Nachts versammelt waren unter den halbverfallenen Mauerbogen, rings um ein Lagerfeuer hockend, das mit seinem rötlichen Widerschein die leeren, öden Galerien erleuchtete, entspann sich ein hitziges Wortgefecht, in dem wir darum stritten, wer von uns zum Anführer erkoren werden sollte. Jeder trug seine Verdienste vor; ich pochte auf meine Rechte; schon rückten die einen murrend zusammen und warfen drohende Blicke um sich, schon hatten die anderen, lärmend mit dem gellenden Gelalle der Trunkenheit, die Hand auf den Knauf des Dolches gelegt, um die Streitfrage zu entscheiden, als wir plötzlich ein seltsames Waffenklirren vernahmen, begleitet von hohl tönenden, hallenden Tritten, die immer deutlicher zu hören waren. Beunruhigt, argwöhnisch äugten wir nach allen Seiten, sprangen auf und zogen blank, entschlossen, unser Leben teuer zu verkaufen; aber wider Willen blieben wir reglos stehen, als wir mit festem, gleichmäßigem Schritt einen Mann von hoher Gestalt herankommen sahen, gerüstet von Kopf bis Fuß, das Gesicht verdeckt vom Visier. Er zog seinen Beidhänder aus der Scheide, ein Schlachtschwert, das zwei Mann kaum hätten heben können, legte die Waffe auf den Pfeilerstumpf einer geborstenen Arkade und rief mit dröhnender, tiefer Stimme, die wie das Rauschen eines unterirdischen Wasserfalles klang: ‚Wenn einer von euch sich erkühnt, der Erste zu sein, solange ich auf der Segreburg wohne, so ergreife er dieses Schwert, das Zeichen der Macht.' Wir alle blieben stumm, bis wir endlich, als die Benommenheit des ersten, starren Staunens von uns gewichen war, ihn zu unserem Hauptmann proklamierten und ihm einen Pokal voll Wein anboten, den er mit einer Handbewegung abwies, vielleicht, um nicht sein Gesicht entblößen zu müssen, das wir vergeblich durch das feine eiserne Gittergeflecht zu erspähen suchten. Trotzdem legten wir in selbiger Nacht den ungeheuerlichsten aller Schwüre ab, und gleich darauf begannen unsere nächtlichen Überfälle. Dabei marschierte unser geheimnisvoller Bandenführer stets an der Spitze, allen voraus. Kein Feuer hemmt ihn, keine Gefahr läßt ihn zurückscheuen; keine Träne rührt ihn. Niemals öffnet er seine Lippen; aber wenn das Blut auf unseren Händen dampft, wenn die Gotteshäuser im Flammengeloder zusammenkrachen, wenn die Frauen, vom Entsetzen gehetzt, zwischen Ruinen flüchten und die Kinder Schmerzensschreie ausstoßen, die Greise verenden unter unseren Schlägen, antwortet er mit einem Gelächter ingrimmiger Freude auf das Stöhnen, die Verwünschungen und die Wehklagen. Niemals legt er seine Rüstung ab oder klappt das Visier seines Helmes auf, wenn ein Sieg erfochten ist; niemals nimmt er an einem Gelage teil, und nie überläßt er sich dem Schlaf. Die Schwerter, die ihn treffen und eindringen in die Fugen seines Harnischs, töten ihn nicht, sind nicht von Blut gefärbt, wenn man sie herauszieht; das Feuer läßt seinen Rückenpanzer und sein Kettenhemd rot erglühen, und noch immer durchschreitet er forsch die Flammen auf der Suche nach neuen Opfern; er verachtet das Gold, verabscheut die Schönheit und wird von keinem Ehrgeiz gestachelt. Unter uns halten ihn die einen für einen narrischen Kauz, die anderen für einen heruntergekommenen Edelmann, den ein Rest von Schamgefühl nötigt, sein Gesicht zu verbergen, und es fehlt auch nicht an solchen, die der festen Überzeugung sind, er sei der Teufel in Person.'

Der Mann, der diese Enthüllungen von sich gab, starb mit einem höhnischen Lächeln auf den Lippen, ohne seine Sünden zu bereuen. Mehrere seines Schlages wurden zu verschiedenen Zeiten von der nämlichen Strafe ereilt; aber der fürchterliche Anführer, dem sich ständig neue Gefolgsleute anschlossen, setzte seine verderbenbringenden Unternehmungen unentwegt fort.

Die unglücklichen Bewohner dieser Gegend, die immer verdrossener, immer verzweifelter wurden, wußten nicht mehr, welchen Entschluß sie noch fassen sollten, um diesen Zustand, der mit jedem Tage trübseliger und unerträglicher wurde, ein für allemal zu beenden.

In unmittelbarer Nähe des Marktfleckens, doch verborgen, tief drinnen in einem dichten Wald, lebte dazumal in einer kleinen Einsiedelei, die dem heiligen Bartholomäus geweiht war, ein Gottesmann, der ein Leben von beispielhafter Frömmigkeit führte und beim Volke immer im Geruch der Heiligkeit stand wegen seiner heilsamen Ratschläge und seiner zutreffenden Prophezeiungen.

Dieser verehrungswürdige Einsiedler, dessen Klugheit und sprichwörtlicher Weisheit die Leute von Bellver die

Lösung ihres schwierigen Problems anvertrauten, nachdem sie zuvor die göttliche Barmherzigkeit angefleht hatten, mit Hilfe der Mittlerschaft seines heiligen Schutzpatrons, der, wie ihr ja wißt, den Teufel aus nächster Nähe kennt und ihn bei mehr als einer Gelegenheit an die kurze Kette gelegt hat – dieser Einsiedler also riet ihnen, sie sollten sich während der Nacht auf die Lauer legen, unterhalb des steinigen Pfades, der sich an dem Felsblock emporwindet, auf dessen Gipfel sich die Burg befand, und er legte ihnen zugleich ans Herz, daß sie, dort angelangt, für die Gefangennahme des Feindes keine anderen Waffen gebrauchen sollten als ein wundermächtiges Gebet, das er sie auswendig lernen ließ, jenes Gebet nämlich, mit dem, wie die Chroniken versichern, einst Sankt Bartholomäus den Teufel in Banden schlug.

Man setzte die Sache ins Werk, und das Ergebnis übertraf alle Erwartungen; denn die Sonne des nächsten Tages ließ noch nicht den hohen Turm von Bellver erglänzen, als die Einwohner des Ortes, in Gruppen und Grüppchen auf dem Marktplatz geschart, einander in geheimnisvollem Ton erzählten, wie in eben dieser Nacht, mit festen Strikken an Händen und Füßen gefesselt, der berüchtigte Hauptmann der Banditen von der Segreburg auf dem Rücken eines mächtigen Maultieres in den Flecken eingezogen sei.

Welcher Kunst sich die Vollstrecker dieses Wagestücks bedienten, um es so glückhaft zu Ende zu führen, vermochte sich niemand zu erklären, und nicht einmal die Akteure selbst konnten es sagen; Tatsache aber war, daß dank dem Gebet des Heiligen oder dank der Tapferkeit seiner gläubigen Verehrer die Sache so verlaufen war, wie man berichtete.

Die Neuigkeit fing gerade erst an sich herumzusprechen, von Mund zu Mund und von Haus zu Haus, als sich auch schon die Menge mit tosendem Jubelgeschrei auf die Straßen stürzte und eilends sich vor dem Eingang des Gefängnisses zusammendrängte. Die Glocke der Pfarrkirche rief zur Ratsversammlung, und die ehrbarsten Bürger traten zur Gerichtssitzung zusammen, während jedermann begierig auf die Stunde wartete, da der Häftling sich vor seinen Behelfsrichtern zu verantworten hätte.

Die Ratsmitglieder, die durch die Grafen von Urgel ermächtigt worden waren, selber kurzen Prozeß zu machen mit jenen Übeltätern, geboten nach rascher Überlegung und Beschlußfassung, den Verbrecher vorzuführen, damit man ihm das Urteil verkünden könne.

Wie gesagt, sowohl auf dem Marktplatz als auch in den Gassen, die der Gefangene durchschreiten mußte, um zu dem Ort zu gelangen, wo seine Richter auf ihn warteten, wimmelte die ungeduldige Menge wie ein geballter Bienenschwarm. Besonders vor dem Gefängnistor nahm der Volksauflauf immer gewaltigere Ausmaße an. Die erregten Zwiegespräche, das dumpfe Murren und die Drohrufe hatten bereits die Wächter in wachsende Besorgnis versetzt, als zum Glück der Befehl eintraf, den Angeklagten vorzuführen.

Im selben Augenblick, da dieser unter dem wuchtigen Mauerbogen des Kerkerportals zum Vorschein kam, in voller Rüstung, das Gesicht vom Visier verdeckt, erhob sich ein dunkles, langanhaltendes Raunen des Erstaunens und der Überraschung aus den dicht gedrängten Volksmassen, durch die man nur mit Mühe einen Gang bahnen konnte.

Alle hatten in dieser Rüstung den Harnisch des Ritters

von der Segreburg wiedererkannt, jene Rüstung, die Gegenstand des düstersten Gemunkels gewesen war, solange man sie noch im Ruinengemäuer der verfluchten Festung baumeln sah.

Kein Zweifel, das war jene Rüstung von damals. Alle hatten den schwarzen Helmbusch flattern sehen in den Kämpfen, die sie einstmals gegen ihren eigenen Herrn ausfochten; alle hatten diese Hauptzier wedeln sehen im leisen Wehen des Windes während der Abenddämmerung, wedelnd wie der Efeu, der den glutversengten Pfeiler umrankte, an welchem die Rüstung nach dem Tode ihres Besitzers noch immer hing. Aber wer mochte der Unbekannte sein, der sie nun trug? Bald würde man es wissen. So glaubte man jedenfalls. Die folgenden Geschehnisse werden darüber Auskunft geben, wie diese Hoffnung zuschanden wurde, gleich vielen anderen, und warum sich aus diesem feierlichen Akt der Rechtsprechung, von dem die gänzliche Aufdeckung der Wahrheit erwartet werden durfte, neue und noch rätselhaftere Verwirrungen ergaben.

Der geheimnisvolle Bandit betrat schließlich den Rathaussaal, und ein tiefes Schweigen folgte dem Geflüster, das unter den Anwesenden aufkam, als sie unter den hohen Gewölben dieses Gemaches das Klirren seiner goldenen Sporen widerhallen hörten. Einer von denen, die das Standgericht bildeten, fragte ihn mit zögernder, zaghafter Stimme nach seinem Namen, und alle lauschten begierig, um sich nur ja keine Silbe von seiner Antwort entgehen zu lassen; aber der Krieger begnügte sich damit, nur ein wenig die Achseln zu zucken, so verächtlich, so beleidigend, daß es seine Richter verdrießen mußte, die einander verdutzt ansahen.

Dreimal wurde die Frage wiederholt, und dreimal erfolgte die gleiche oder eine ähnliche Entgegnung.

‚Er soll sein Visier lüften! Soll sein Gesicht zeigen! Sein Gesicht!‘ So begannen die Leute aus dem Flecken zu schreien, die der Szene beiwohnten. ‚Er soll sein Gesicht zeigen! Dann werden wir ja sehen, ob er es weiterhin wagt, uns mit seinem Trotz zu beleidigen, wie er es jetzt tut, im Schutz der Verkappung!‘

‚Zeigt Euer Gesicht!‘ sagte der Mann, der ihn auch vorher schon angesprochen hatte.

Der Krieger rührte sich nicht.

‚Ich befehle es Euch im Namen unserer Obrigkeit.‘

Die gleiche Entgegnung.

‚Im Namen der gräflichen Herrschaft.‘

Auch dies bewirkte nichts.

Die Empörung steigerte sich bis zum Siedepunkt, so daß einer der Wächter sich schließlich auf den Angeklagten stürzte, dessen verstocktes Schweigen selbst die Geduld eines Heiligen hätte platzen lassen, und ihm mit einem jähen Ruck das Visier aufriß. Ein allgemeiner Schrei der Bestürzung entfuhr der Zuschauerschaft, die einen Moment lang in Starrheit verharrte, gelähmt durch fassungsloses Entsetzen.

Und dies nicht ohne Grund. Der Helm, dessen eisernes Visier man halb zur Stirn emporgeklappt, halb zur stählernen Halskrause abgesackt sah, war leer . . ., völlig leer.

Als man, sobald der erste Schreck vorüber war, ihn berühren wollte, erzitterte die Rüstung ein wenig und stürzte, in ihre Bestandteile zerfallend, mit einem seltsam dumpfen Geräusch zu Boden.

Die meisten Augenzeugen dieser neuerlichen Ungeheuerlichkeit verließen Hals über Kopf den Raum und rannten, von Grauen gejagt, hinaus auf den Platz.

Die Neuigkeit verbreitete sich mit Gedankenschnelle in der Menge, die ungeduldig auf das Ergebnis der Gerichtsverhandlung gewartet hatte, und die Betroffenheit, die Aufregung, der Stimmenwirrwarr waren derart, daß niemand mehr bezweifelte, was der Volksmund alsbald als Gewißheit ausposaunte: daß nämlich der Teufel nach dem Tode des Herrn von der Segreburg die Lehnsherrschaft über Bellver geerbt habe.

Endlich legte sich der Tumult, und man beschloß, die wundersame Rüstung wieder einzukerkern.

Als sie dann in Gewahrsam verbracht war, schickte man vier Boten aus, die als Vertreter des so schrecklich heimgesuchten Städtchens den Fall beim Grafen von Urgel und beim Erzbischof vortragen sollten; und nach nicht allzuvielen Tagen kehrten sie heim mit dem Bescheid jener hohen Herren, einem Bescheid, der, wie man zu sagen pflegt, kurz und bündig war.

‚Hängt', so lautete die Empfehlung, ‚die Rüstung auf dem Marktplatz des Fleckens an den Galgen; denn steckt der Teufel in ihr, so wird er, wohl oder übel, ausfahren müssen, oder er wird mit ihr am Richtholz baumeln.'

Begeistert von dieser scharfsinnigen Folgerung, versammelten sich die Bürger von Bellver aufs neue zur Beratung und Beschlußfassung, und während die Menge bereits sämtliche Zufahrtswege besetzte, erging die Anweisung, auf dem Platz einen riesigen Galgen zu errichten. Die Ehrbarkeit aber begab sich in geschlossenem Zug zum Gefängnis, um dort die Rüstung abzuholen, mit all der Feierlichkeit, welche die Bedeutung der Sache gebot.

Als die ansehnliche Prozession zu dem massiv gemauerten Rundbogen gelangte, der den Eingang des Gebäudes bildete, warf sich da ein bleicher, verstörter Mann vor den verblüfften Leuten auf den Boden und stieß, mit Tränen in den Augen, die Worte hervor:

‚Gnade, ihr Herren, Gnade!‘

‚Gnade! Für wen?‘ sagten einige. ‚Etwa für den Teufel, der in der Rüstung des Ritters von der Segreburg haust?‘

‚Für mich‘, fuhr mit zittriger Stimme der Unglückselige fort, in dem alle den Gefängnisaufseher erkannten; ‚für mich . . . Denn die Rüstung ist verschwunden.‘

Als sie diese Worte vernahmen, zeigten die Mienen aller, die sich unter dem Portal befanden, Zeichen der Bestürzung. Stumm und starr, wie sie dastanden, wären sie weiß Gott wie lang stehengeblieben, wenn nicht der folgende Bericht des verschreckt auf der Erde knienden Wärters sie bewogen hätte, sich um ihn zu scharen und begierig zu lauschen.

‚Vergebt mir, ihr Herren‘, sagte der arme Aufseher; ‚und ich will euch nichts verschweigen, auch nicht das, was gegen mich spricht.‘

Alle verharrten in Stillschweigen, und er fuhr fort:

‚Ich werde es nie schaffen, die Sache richtig zu erklären; wahr ist jedenfalls, daß mir die Geschichte mit der leeren Rüstung immer als ein Märlein erschien, ein Märlein, ausgedacht und in Umlauf gebracht zugunsten irgendeiner hochstehenden Persönlichkeit, deren Bloßstellung und Bestrafung vielleicht aus übergeordneten Gründen gesellschaftlicher Ordnung nicht ratsam war. Dieser Überzeugung bin ich immer gewesen; eine Überzeugung, in der ich mich nachdrücklich bestärkt sah durch die Tatsache, daß die Rüstung all die Tage, seit man sie zum zweiten Mal vom Rathaus hierher ins Gefängnis brachte, keinen Mucks gemacht hat. Vergeblich bin ich, Nacht für Nacht, getrieben von dem Wunsch, ihrem Geheimnis auf die Spur zu kommen, falls es da ein Geheimnis gäbe, behutsam aufgestanden und habe das Ohr an die Ritzen der verschlossenen Tür ihres Verlieses gepreßt: Nicht der geringste Laut war zu hören. Vergeblich war mein Bemühen, sie durch ein kleines Loch, das ich in die Wand bohrte, zu beobachten. Hingeschmissen auf ein Häufchen Stroh, lag sie unverrückt da, einen Tag wie den anderen, in einem der dunkelsten Winkel, zerfallen in Einzelteile, reglos. Eines Nachts schließlich zündete ich, gestachelt von der Neugier, von meinem Verlangen, mich eigenhändig davon zu überzeugen, daß an jenem Schreckensding nichts Geheimnisvolles war, eine Laterne an, stieg hinunter zu den Kerkerzellen, hob die beiden Speerbalken ab und dachte nicht mal daran, die Tür hinter mir zu schließen (so fest war mein Glaube, daß es sich um nichts weiter als um eine erfundene Geschichte handele), und betrat die Zelle. Hätte ich's doch nie getan! Kaum hatte ich darin ein paar Schritte gemacht, erlosch meine Laterne von selbst, meine Zähne begannen zu klappern, und es sträubten sich mir die Haare. In der tiefen Stille, die mich umgab, hatte ich jählings etwas gehört, das wie das Rasseln von Eisenteilen klang, die wirbelnd sich rührten und klackernd gegeneinander schlugen, indem sie sich zusammenschlossen im Dunkel. Meine erste Regung war, daß ich zur Tür stürzte, um den Ausgang zu versperren; doch als ich eben die Türflügel zu fassen bekam, spürte ich auf meiner Schulter eine furchtbare Hand, die einen Panzerhandschuh anhatte und die, nachdem sie mich heftig geschüttelt hatte, mich auf die Schwelle schmetterte. Dort blieb ich liegen bis zum nächsten Morgen, an dem mich meine Gehilfen bewußtlos auffanden. Und ich kann mich nur daran erinnern, daß ich nach meinem Sturz noch wirr das Dröhnen von Schritten zu vernehmen meinte, die in gleichem Takt begleitet wurden von schrillem Sporengeklirr, das sich allmählich entfernte, bis es schließlich entschwand.‘

Als der Gefängnisaufseher verstummte, herrschte tiefe Stille, auf die ein Höllenkonzert von Wehklagen, Schreien und Drohungen folgte.

Die Friedfertigsten hatten alle Mühe, das Volk in Schranken zu halten, das lauthals den Tod des Neugierigen forderte, welcher dies neue Unheil verursacht hatte.

Schließlich gelang es, den Tumult zu dämpfen, und man schickte sich an, eine neue Verfolgungsjagd zu organisieren. Diese hatte auch Erfolg.

Einige Tage später befand sich die Rüstung wieder in der Gewalt ihrer Verfolger. Da man die Formel nun mal kannte und Sankt Bartholomäus das Seine beitrug, war die Sache nicht mehr allzu schwierig.

Aber noch war nicht alles geschafft; vergebens hatte man, um der Rüstung endgültig Herr zu werden, sie an einen Galgen gehängt; vergebens wandte man die ausgeklügeltsten Überwachungsmethoden an, um ihr jede Chance zu nehmen, jemals wieder in Gottes weite Welt zu entwischen. Sobald die Einzelteile der Rüstung auch nur zwei Fingerbreit Licht erblickten, schnappten sie zusammen und setzten sich, sachte, ganz sachte, wieder in Trab und unternahmen aufs neue ihre Ausflüge über Berg und Tal, juchheirassa! Eine Geschichte, die ewig wieder von vorne anfing.

In solch beängstigender Lage teilten die Bürger die einzelnen Stücke der Rüstung unter sich auf, als diese sich vielleicht zum hundertsten Mal in ihren Händen befand, und baten den frommen Einsiedler, der ihnen einst so gute Ratschläge erteilt hatte, er möge entscheiden, was man mit dem Zeug tun solle.

Der Gottesmann ordnete eine Buß- und Fastenzeit für alles Volk an. Er selber zog sich für drei Tage ins Innere der Höhle zurück, die ihm als Klause diente, und gebot danach, daß man die teuflische Bewaffnung einschmelzen und daraus ein Kreuz schmieden solle, zu dessen Aufstellung man einige Quadersteine von der Segreburg benutzen möge.

Man tat, was befohlen war; doch das Werk ging nicht ohne neue, greuliche Wunderzeichen vonstatten, welche die verwirrten Gemüter der Bewohner von Bellver abermals mit Angst und Schrecken erfüllten.

Sobald nämlich die Eisenstücke, die man in die Flammen geworfen hatte, sich zu röten begannen, schien ein Seufzen und Stöhnen dem mächtigen Geloder zu entsteigen, und zwischen den Klötzen hüpften die Rüstungsteile herum, als wären sie lebendig und würden die Macht des Feuers an ihrem Leib verspüren. Ein Gewirbel von roten, grünen und blauen Funken tanzte auf der Spitze des züngelnden Brandes, und die Flammen wanden sich fauchend, als ob eine Legion von Teufeln ihnen im Nacken säße, die darum kämpfte, ihren Oberherrn aus dieser Folterqual zu befreien.

Wahrhaft grauenerregend wurde der Vorgang, als die weißglühende Rüstung ihre Form verlor, um die Gestalt eines Kreuzes anzunehmen. Die Hämmer schmetterten mit schauderhaftem Krachen auf den Amboß. Zwanzig kräftige Mannen hielten da die Barren fest, Brocken siedenden Metalls, das unter den Schlägen zuckte und stöhnte.

Schon streckte das Zeichen unserer Erlösung seine Arme aus, schon ragte das Kopfende empor, als die teuflische Glutmasse sich wiederum wand wie in einem entsetzlichen Schüttelkrampf und, die Leiber der Unglücklichen umschlingend, die schlegelnd dieser tödlichen Umarmung entkommen wollten, wie eine Schlange sich ringelte oder im Zickzack zusammenzuckte wie ein Blitz.

Der hartnäckigen Mühe, dem Glauben, den Gebeten und dem Weihwasser gelang es endlich, den Höllengeist zu besiegen, und die Rüstung verwandelte sich zum Kreuz.

Dieses Kreuz ist dasselbe, das ihr heute gesehen habt. An ihm haftet, festgebannt, noch immer der Teufel, von dem es seinen Namen hat. Vor diesem Kreuz legen die Mädchen im Monat Mai keine Liliensträuße nieder, die Hirten nehmen, wenn sie dort vorbeikommen, nicht die Mütze ab, und die Alten beugen nicht das Knie, und die strengen Ermahnungen der Geistlichen halten gerade noch die Buben davon ab, daß sie es mit Steinen bewerfen.

Gott hat seine Ohren verschlossen gegen die Bitten, die man dort an ihn richtet. Im Winter versammeln sich Rudel von Wölfen rings um die Steineiche, die das Kreuz beschirmt, um von da aus das Vieh zu überfallen; die Straßenräuber lauern dort im Schatten den Wanderern auf und verscharren ihre Mordopfer an Ort und Stelle; und wenn der Sturm losbricht, biegen die Blitze jählings ab, um gellend hineinzufahren in den Stamm dieses Kreuzes und die Quader seines Sockels zu zerspellen."

DAS WEISSE REH

In einem kleinen aragonesischen Ort lebte, irgendwann zu Beginn des vierzehnten Jahrhunderts, ein berühmter Ritter namens Don Dionís, der, nachdem er seinem König im Krieg gegen die Ungläubigen gedient hatte, nun zurückgezogen im Turm seines Stammhauses wohnte und sich bei den Freuden der Jagd von den rauhen Mühsalen des Schlachtfelds erholte.

Einmal widerfuhr es diesem Ritter, als er, begleitet von seiner Tochter, die ob ihrer unvergleichlichen Schönheit und strahlend weißen Haut den Beinamen Lilie erhalten hatte, gerade seinem liebsten Zeitvertreib frönte, daß er, weil der Tag rascher als gedacht voranrückte, während man ein Wild verfolgte im Bergwald seines Lehens, für die Stunden der Siesta in einer Klamm Zuflucht nehmen mußte, die ein Flüßchen durcheilte, talwärts hüpfend von Steinblock zu Steinblock mit leichtem, lieblichem Geplätscher.

An die zwei Stunden schon mochte Don Dionís an jenem köstlichen Ort verbracht haben, rastend im Schatten einer Pappelgruppe, ans spärliche Graspolster einer Böschung gelehnt und freundschaftlich plaudernd mit seinen Treibern über die Zwischenfälle vom Tage, wobei man sich gegenseitig die mehr oder minder merkwürdigen Abenteuer erzählte, welche dem einen oder anderen im Laufe eines Jägerlebens begegnet waren, als man von der Höhe des Steilhangs her, durchs wechselnde Rauschen des Windes hindurch, der die Blätter bewegte, das Klingeln eines Glöckleins vernahm, das immer näher kam und klang wie das Glöcklein eines Leittieres, welches der Herde vorausgeht.

Der Eindruck täuschte nicht; denn kaum hatte man das Glöcklein gehört, hopsten durch das dichte Gewucher von Lavendel und Thymian an die hundert schneeweiße Lämmer daher und drängten herab ans andere Ufer des Flüßchens. Hinterdrein kam, die Kapuze zum Schutz gegen die senkrechten Strahlen der Sonne tief in die Stirn gezogen, sein Bündel an einem Stecken über der Schulter tragend, der Bursche, der die Tiere hütete.

„Übrigens, was Abenteuer betrifft, ungewöhnliche Erlebnisse", rief beim Anblick des Hirtenjungen einer der Treiber von Don Dionís, sich an seinen Herrn wendend, „da habt Ihr Esteban, den Hütebuben, der seit einiger Zeit ganz rammdösig herumläuft, dümmer, als Gott ihn von Natur aus gemacht hat, was schon nicht unerklecklich ist; er kann Euch für Kurzweil sorgen, wenn er erzählt, weshalb er ständig in Angst und Schrecken lebt."

„Nun, was hat denn der arme Teufel?" fragte Don Dionís, den offenkundig die Neugier jückte.

„Nichts als Firlefanz!" sagte der Treiber in neckischem Ton. „Denn obwohl er nicht am Karfreitag geboren ist, obwohl keine kreuzförmige Wunde seinen Leib gezeichnet hat, obwohl er keinen Umgang mit dem Satan pflegt, wie man an seinem altchristlichen Gebaren ersehen kann, findet er sich, ohne daß er wüßte, wie und von wo, mit der wunderbarsten Fähigkeit begabt, die noch nie ein Mensch besessen hat, es sei denn Salomon, von dem man sagt, daß er alles wußte und sogar die Sprache der Vögel verstand!"

„Und worin erweist sich diese wunderbare Fähigkeit?"

„Sie erweist sich", fuhr der Treiber fort, „darin, daß – wie der Bursche behauptet, und er schwört darauf Stein und

Bein – die Rehe, die sich in diesen Bergen hier herumtreiben, es darauf abgesehen haben, ihn nicht in Frieden zu lassen; und das Ulkigste ist, daß er sie mehr als einmal dabei ertappte, wie sie die Streiche, die sie ihm spielen wollten, untereinander absprachen; und daß er, nachdem diese Streiche glücklich ausgeführt waren, das schallende Gelächter gehört hat, mit dem sie den gelungenen Jux bejubeln."

Während der Treiber dies sagte, hatte sich Constanza – denn so hieß die schöne Tochter von Don Dionís – der Jägerschar genähert, und da sie erkennen ließ, wie neugierig sie war, wie gerne sie die ungewöhnliche Geschichte von Esteban genauer erfahren hätte, ging einer der Weidmänner rasch zu der Stelle hinüber, wo der Hirte seine Herde trinken ließ, und führte ihn seinem Herrn vor, welcher, um die Verlegenheit und augenfällige Scheu des armen Burschen zu zerstreuen, ihn sogleich mit seinem Namen anredete und mit einem gütigen Lächeln begrüßte.

Esteban war ein junger Kerl von neunzehn oder zwanzig Jahren, stämmig, mit einem kleinen, tief zwischen den Schultern steckenden Kopf, kleinen blauen Augen und dem unsicheren, tölpelhaften Blick eines Albinos; seine Nase war platt, halb offen der Mund mit den dicken Lippen, die Stirn zugewuchert, die Gesichtshaut hell, doch von der Sonne gegerbt, und sein Haar, das ihm in rauhen Strähnen teils über die Augen hing, teils das Gesicht umzottelte, glich der Mähne einer fuchsroten Mähre.

Das war so ungefähr die physische Erscheinung von Esteban. Was seine moralische Persönlichkeit betraf, konnte man getrost versichern, ohne einen Widerspruch von ihm oder irgendwem, der ihn kannte, gewärtigen zu müssen, daß er ganz und gar einfältig war, freilich auch ein bißchen argwöhnisch und verschmitzt, wie es ein rechter Landmann nun mal ist.

Als der Hirtenjunge wieder leichter atmete, richtete Don Dionís aufs neue das Wort an ihn, und zwar in todernstem Ton; er tat so, als wäre er brennend daran interessiert, jede Einzelheit jenes Vorfalls zu erfahren, von dem sein Treiber gesprochen hatte, und stellte eine Menge Fragen, auf die Esteban zögernd und ausweichend antwortete, als wollte er es vermeiden, irgendwelche Auskünfte zu geben.

Aber bedrängt von dem forschenden Blick seines Feudalherrn und von den Bitten Constanzas, der am meisten daran gelegen zu sein schien, daß der Hirte seine erstaunlichen Abenteuer berichtete, entschloß sich dieser zu reden, jedoch nicht ohne zuvor mißtrauisch um sich zu blikken, als befürchtete er, es könnten noch andere Personen als die, welche da standen, ihn hören. Er kratzte sich, um seine Erinnerungen aufzuwecken oder seine Rede in Gang zu bringen, dreimal, viermal am Kopf und begann dann folgendermaßen:

„Die Sache ist so, Herr, wie mir's auch ein Priester aus Tarazona gesagt hat, den ich unlängst um Rat anging wegen der Zweifel, die ich hab': Mit dem Teufel ist nicht zu spaßen; da nutzt kein Gerede, nur Gebete helfen da, gute und viele Bittsprüche ins Ohr von Sankt Bartholomäus, der am besten weiß, wie man den Leibhaftigen vergrault; und im übrigen heißt's, den Dingen ihren Lauf lassen, denn Gott, der gerecht ist und da droben wohnt, wird für alles weislich sorgen. Davon fest überzeugt, hab' ich beschlossen, niemals wieder über die Sache zu reden, zu niemandem und um nichts auf der Welt; aber heut will ich eine Ausnahme machen, um Eure Neugier zu befriedigen;

und schließlich, meiner Treu, hab' ich ja, falls der Teufel es mir übel vermerkt und mich zur Strafe für meine Geschwätzigkeit wieder belästigen will, wirksame Kapitelchen aus den Evangelien in meine Pelzjacke eingenäht, und mit ihrer Hilfe, glaub' ich, wird sich, wie bei früheren Gelegenheiten, der Knüppel in meiner Hand als nicht ganz unnütz erweisen."

„Na, aber auf jetzt", rief Don Dionís, den die nimmer enden wollende Weitschweifigkeit des Hirtenjungen ungeduldig machte, „laß das Drumherumreden und komm zur Sache!"

„Ich komm' schon drauf", antwortete Esteban seelenruhig, stieß einen lauten Schrei aus und jagte einen Pfiff gleich hinterher, damit die Lämmer, die er nicht aus den Augen gelassen hatte, sich nicht vollends im Bergland verkrümelten, sondern hübsch brav wieder zusammenrotteten, kratzte sich abermals am Kopf und fuhr dann fort:

„Sowohl Eure ständigen Pirschzüge als auch das unermüdliche Treiben der Wilderer, die – sei's mit Fallen, sei's mit der Armbrust – ein jedes Stückchen Wild zur Strecke bringen, das sich im Umkreis von zwanzig Tagesreisen regt, haben dafür gesorgt, daß es seit kurzem in den Wäldern hier nichts mehr zum Jagen gibt. Man kann sich die Augen aus dem Kopf gucken und entdeckt doch keinen Hirsch, kein Reh. Eben darüber sprach ich im Flecken, als ich in der Vorhalle unserer Kirche saß, wo ich mich nach der Sonntagsmesse für gewöhnlich mit ein paar Tagelöhnern treffe, die auf den Feldern von Veratón arbeiten. Der eine oder andere von ihnen sagte darauf zu mir: ‚Also, Menschenskind, ich weiß nicht, woran es liegt, daß sie dir nicht über den Weg laufen; wir jedenfalls können dir versichern, daß wir noch nie hinuntergestapft sind zu den Äckern, ohne auf Fährten zu stoßen; und erst vor drei oder vier Tagen – um bloß vom Nächstliegenden zu reden – hat ein Rudel, das – nach den Spuren zu schließen – aus mehr als zwanzig Biestern bestand, dem Betbruder von der Kapelle Unserer lieben Frau vom Rosmarinhag ein Weizenfeld abgeerntet, noch eh das Korn reif war auf dem Halm.' – ,Und wohin führte die Fährte?' fragte ich die Tagelöhner; denn ich wollte doch mal sehen, ob ich den Trupp nicht zu Gesicht bekäme. ,Zur Lavendelklamm', antworteten sie. Der Hinweis sollte nicht für die Katz sein, und gleich am Abend des selbigen Tages ging ich auf den Anstand, im Pappelhain. Die ganze Nacht hindurch hörte ich – mal da, mal dort, bald in der Ferne, bald in der Nähe – das Fiepen und Blaffen der Rehe, die einander riefen, und ab und zu merkte ich, daß hinter meinem Rücken das Gezweig sich bewegte; aber so sehr ich meinen Blick zu schärfen suchte – nicht ein einziges Tier konnte ich ausmachen. Dennoch, als dann der Tag anbrach und ich die Lämmer zur Tränke führte, ans Ufer dieses Flusses, etwa zwei Schleuderschüsse von dem Fleck entfernt, auf dem wir genächtigt hatten, entdeckte ich im Schattengrund einer Schwarzpappelgruppe, wo nicht mal zur Stunde der Mittagsruhe ein Sonnenstrahl durchsickert, frische Spuren von den Rehen, ein paar geknickte Zweige, eine leichte Trübung im strömenden Wasser und – was weit merkwürdiger ist – mitten zwischen den Hufabdrücken der Tiere die zierlichen Tritte zweier winzig kleiner Füße, etwa halb so groß wie mein Handteller, ich übertreibe nicht."

Als er dies sagte, richtete der Bursche instinktiv, als ob er etwas Vergleichbares suchte, seinen Blick auf den Fuß Constanzas, der unterm Saum ihres seidenen Gewandes hervorlugte und in einem reizenden, korkbesohlten

Schühlein aus gelbem Saffian steckte; aber da zur gleichen Zeit auch die Augen von Don Dionís und von einigen der Treiber, die ihn umringten, sich abwärts wandten, ließ das schöne Kind hurtig seinen Fuß verschwinden und rief im natürlichsten Ton der Welt:

„Oh, nein! Leider sind die meinen nicht so klein; derart winzige haben ja nur die Feen, von denen die fahrenden Dichter uns berichten."

„Doch das war noch nicht alles", fuhr der Hirtenjunge fort, sobald Constanza schwieg; „ein andermal nämlich, als ich mich an einem anderen Platz versteckt hatte, wo die Rehe ganz gewiß vorbeikommen mußten, wenn sie in die Klamm wechseln wollten, bin ich dort, genau um Mitternacht, ein bißchen eingenickt, nicht so tief freilich, daß ich nicht die Augen aufgerissen hätte im selben Moment, da ich zu merken meinte, daß sich in den Zweigen um mich her etwas regte; ich öffnete, wie gesagt, die Augen; mit äußerster Vorsicht richtete ich mich auf, und wie ich da wachsam auf das Geraschel achtete, das immer näher kam, drang mir aus den Windböen etwas ans Ohr, das wie ein Rufen klang, wie seltsames Gesinge und Gelächter, und drei oder vier verschiedene Stimmen, die miteinander redeten, mit einem Gelärm, einem so lustig lauten Geplapper, daß ich an das Geschnatter dachte, das die Mädchen von unserem Flecken machen, wenn sie in hellen Scharen, lachend und scherzend, vom Brunnen nach Hause schlendern, die Krüge auf dem Kopf. Die Nähe dieser Stimmen, das nahe Knistern von Ästchen, die knackend brachen, wo die närrische Bande durchpreschte, ließ mich erraten, daß diese Wesen soeben das Dickicht verließen und sich auf eine kleine lichte Fläche hinausbegaben, die eine Art Terrasse am Waldhang bildet, eben dort, wo ich mich verborgen hielt, als ich, direkt hinter mir, so nahe, wie ich jetzt bei Euch stehe, oder noch näher, eine neue Stimme hörte, eine frische, zarte, schwungvolle Stimme, die sagte – glaubt mir, ihr Herren, das ist so gewiß, wie es gewiß ist, daß ich einmal sterben muß – sie sagte, klar und deutlich, wortwörtlich:

> Hierher, hierher, Gespielinnen,
> hier steckt er, der blöde Esteban!

An dieser Stelle des Berichts aus Hirtenmund konnten die Zuhörer nicht länger zurückhalten, was ihnen schon seit einiger Zeit in den Augen zuckte. Sie ließen ihrem Vergnügen die Zügel schießen und brachen in ein schallendes Gelächter aus. Zu den ersten, die loslachten, und zu den letzten, die den Schnabel zumachten, gehörten Don Dionís, der trotz seiner zur Schau gestellten Bedächtigkeit nicht umhin konnte, sich am allgemeinen Gaudium zu beteiligen, und seine Tochter Constanza, welche jedesmal, wenn sie Esteban anblickte, der ganz erstaunt und verdattert dastand, aufs neue lachen mußte wie eine Verrückte, bis ihr die Tränen aus den Augen rollten.

Der Bursche seinerseits achtete gar nicht auf die Wirkung der von ihm erzählten Geschichte, schien aber dennoch bestürzt und beunruhigt zu sein, und während die Herrschaften herzhaft lachten über sein tumbes Gebaren, blickte er mit ängstlicher Miene nach dieser und nach jener Seite, als wollte er zwischen den kreuz und quer gewachsenen Baumstämmen hindurch etwas erspähen.

„Was ist los, Esteban? Was hast du?" fragte ihn einer der Treiber, als er die zunehmende Unruhe des armen Hütebuben bemerkte, der bald mit schreckensstarren

Pupillen die belustigte Tochter von Don Dionís anglotzte, bald mit verdutztem, törichtem Blick ringsum ins Gelände stierte.

„Etwas ganz Seltsames erlebe ich da“, stammelte Esteban. „Als ich, auf die erwähnten Worte hin, jählings aufsprang, um die Person zu ertappen, die den Satz gerufen, schoß aus demselben Gebüsch, in dem ich mich versteckt hatte, ein schneeweißes Reh hervor, schnellte mit gewaltigen Sprüngen über Gestrüpp und Unterholz hinweg und verschwand, gefolgt von einem Rudel Rehe, die alle ein Fell von ganz natürlicher Fabe hatten; und die gewöhnlichen Ricken, wie auch das weiße Reh, das sie anführte, blafften nicht, wie sie so davonstoben, sondern lachten schallend, lachten Schochen hinaus, deren Widerhall, ich schwör's Euch, mir noch jetzt, in diesem Augenblick, in den Ohren dröhnt.“

„Na, na, Esteban!“ rief Don Dionís spöttelnd. „Folge dem Rat des Priesters aus Tarazona. Rede nicht mehr von deinen Begegnungen mit den vierbeinigen Scherzbolden, damit der Teufel dich nicht um das bißchen Grütze bringt, das du im Kopf hast. Du bist ja wohlversehen mit Bibelsprüchen und kennst die Gebete von Sankt Bartholomäus. Geh also wieder zu deinen Lämmern, die schon in der Klamm umherstromern. Falls die bösen Geister dich nochmal belästigen, weiß du ja das rechte Mittelchen: Paternoster und eins drauf mit dem Knüppel.“

Nachdem der Hirtenjunge einen Laib Weißbrot und ein Stück Wildschweinschinken im Schnappsack verstaut und mit einem ordentlichen Schluck Wein, den ein Reitknecht auf Geheiß des Herrn ihm anbot, seinen Magen gestärkt hatte, verabschiedete er sich von Don Dionís und dessen Tochter. Und kaum hatte er vier Schritte gemacht, schwang er auch schon die Schleuder, um mit flitzenden Steinen die Lämmer wieder zusammenzutreiben.

Da Don Dionís im selben Moment bemerkte, daß mittlerweile die Stunden der Hitze vergangen waren und ein Nachmittagswindchen schon die Pappelblätter erschauern ließ, alles Land erfrischend, befahl er seinem Gefolge, die Pferde zu satteln, die ohne Zaum und Zügel nahebei im Gehölze grasten; und als alles zum Aufbruch bereit war, gebot er durch einen Wink den einen, die Meute loszulassen, und den anderen, die Hörner zu blasen, worauf man mit wildem Getrappel aus dem Pappelhain hinausschwärmte und die unterbrochene Jagd fortsetzte.

II

Unter den Jägern von Don Dionís war einer namens Garcés, Sohn eines ehemaligen Bediensteten der Familie, weshalb er beliebter war bei den Herrschaften als alle anderen.

Garcés war ungefähr so alt wie Constanza, und schon als kleiner Bub hatte er es sich zur Gewohnheit gemacht, ihr selbst den kleinsten Wunsch von den Augen abzulesen und noch die leiseste Anwandlung eines Verlangens zu erraten und zuvorkommend zu befriedigen.

In den Mußestunden war es ihm ein Vergnügen, eigenhändig die Pfeile zu spitzen für ihre Armbrust aus Elfenbein. Er ritt die Füllen zu, die seine Herrin besteigen sollte; er brachte ihren Lieblingshunden die Tricks und Finten bei, die sie für die Jagd erlernen mußten; und er richtete ihre Falken ab, denen er auf den Jahrmärkten Kastiliens rote, mit Gold bestickte Hauben kaufte.

Bei den anderen Jägern, den Pagen und dem niederen Gesinde von Don Dionís hatte sich Garcés mit dieser feinfühligen Beflissenheit und der Wertschätzung, die er bei seiner Herrschaft genoß, eine allgemeine Abneigung eingehandelt, und die Neidischen behaupteten, in all dem behutsamen Eifer, mit dem er sich den Launen seiner Herrin so ahnungsvoll behende anbequemte, offenbare sich die Katzbuckelei eines windigen Schmeichlers. Es fehlte jedoch auch nicht an Leuten, die etwas gewitzter oder boshafter waren und in der Emsigkeit des gewandten Jünglings gewisse Anzeichen einer schlecht verhohlenen Liebe beobachtet zu haben meinten.

Wenn dies zutraf, so war die heimliche Zuneigung von Garcés mehr als entschuldigt durch die unvergleichliche Schönheit von Constanza. Man hätte eine Brust aus Felsgestein und ein Herz aus Eis haben müssen, um Tag für Tag unangefochten an der Seite dieser Frau zu verbringen, die solch ungewöhnliche Reize besaß.

Die Lilie vom Moncayo – so wurde sie im Umkreis von zwanzig Meilen genannt, und sie war dieses Beinamens würdig; denn sie war so anmutig, so hellhäutig und so blond, daß es schien, als hätte Gott sie, wie die Lilien, aus Schnee und Gold gemacht.

Und dennoch ging in den Kreisen benachbarter Adeliger das Getuschel um, daß die schöne Kastilierin von Veratón nicht so reinblütig wie hübsch sei, und daß sie, trotz ihren blonden Zöpfen und ihrer Alabasterhaut, eine Zigeunerin zur Mutter gehabt habe. Was an diesen Gerüchten stimmte, das konnte niemals jemand mit Gewißheit sagen; denn Tatsache war, daß Don Dionís in seiner Jugend ein recht abenteuerliches Leben geführt hatte und, nachdem er lange Zeit unter der Führung des Monarchen von Aragonien gekämpft hatte, von dem er, neben anderen Gunstbeweisen, das Gebiet um den Moncayo zum Lehen erhielt, nach Palästina gezogen war, wo er sich mehrere Jahre herumtrieb, bevor er schließlich heimkehrte und sich in seiner Burg bei Veratón einnistete, mit einer kleinen Tochter, die zweifellos in jenen fernen Landen zur Welt gekommen war. Der einzige, der etwas hätte sagen können über die geheimnisvolle Herkunft von Constanza, weil er Don Dionís auf seinen Pilgerfahrten in der Fremde begleitet hatte, das war der Vater von Garcés, und der war schon vor längerer Zeit gestorben, ohne ein einziges Wort darüber gesprochen zu haben, nicht einmal zu seinem eigenen Sohn, der ihn mehrmals und mit unverkennbar heftigem Interesse danach gefragt hatte.

Das sprunghaft wechselnde, mal verschlossene und schwermütige, mal quirlige und lustige Wesen von Constanza, der Überschwang ihrer jäh aufsprudelnden Ideen, ihre wunderlichen Einfälle, ihr Gebaren, das aller Gewohnheit hohnsprach, endlich die Besonderheit, daß ihre Augen und Brauen schwarz wie die Nacht waren, obwohl das ganze Mädchen sonst weiß und goldblond war – dies alles hatte dem Gerede der Nachbarn reichlich Nahrung gegeben, und selbst Garcés, der doch so engen Umgang mit ihr hatte, war zu der Überzeugung gelangt, daß seine Herrin etwas Ungewöhnliches sei, etwas ganz anderes als die übrigen Frauen.

Als er, wie die anderen Jäger, der Erzählung von Esteban lauschte, war er vielleicht der einzige, der mit wirklicher Neugier alle Einzelheiten von dessen unglaublichem Abenteuer in sich aufnahm, und obschon auch er lächeln mußte, als der Hirtenjunge die Worte des weißen Rehs wiederholte, gingen ihm doch, seitdem er das Waldstück verlassen, in dem sie die Mittagsruhe gehalten hatten, die absonderlichsten Phantasiebilder im Kopf herum.

‚Kein Zweifel, die ganze Geschichte vom Reden der Rehe ist bloße Einbildung, eine Ausgeburt der Angst von Esteban, der ein ziemlicher Trottel ist' – sagte sich der junge Jäger, während er auf einem kraftvollen Fuchshengst dahinritt, Schritt für Schritt hinter dem Zelter Constanzas her, die gleichfalls ein wenig geistesabwesend und schweigsam wirkte und den großen Haufen der Weidmänner weit vorausstürmen ließ, als nähme sie am Trubel der Hatz kaum noch teil. ‚Aber wer sagt, daß an dem, was der Einfaltspinsel berichtet, nicht doch etwas Wahres ist?' sinnierte der Jüngling weiter. ‚Man hat schon seltsamere Dinge auf der Welt gesehen, und ein weißes Reh mag es wohl geben; wenn man den alten Liedern unseres Landes Glauben schenken darf, dann hat Sankt Hubertus, Schutzpatron der Jäger, ein solches besessen. Ach, könnte ich doch ein weißes Reh fangen und es lebend meiner Herrin als Geschenk darbringen!'

Mit solchen Gedanken und Selbstgesprächen brachte Garcés den Nachmittag hin, und als die Sonne sich bereits hinter dem nah aufragenden Bergrücken zu verbergen begann und Don Dionís seinen Leuten befahl, die Kruppen zu wenden, da es Zeit war, heimzukehren zur Burg, schlug er sich unbemerkt seitwärts in die Büsche und durchstreifte kreuz und quer das dichteste, unwegsamste Waldgelände, um den Hirtenjungen aufzuspüren.

Es war schon fast finstere Nacht geworden, als Don Dionís zum Tor seiner Burg gelangte. Unverzüglich wurde ihm ein bescheidener Abendimbiß aufgetischt, und er setzte sich mit seiner Tochter an die Tafel.

„Und Garcés – wo steckt er?" fragte Constanza, als sie bemerkte, daß ihr Leibjäger nicht neben ihr stand, um sie zu bedienen, wie er es sonst immer tat.

„Wir wissen es nicht", antworteten sogleich die anderen Dienstmannen. „Nahe bei der Klamm ist er plötzlich aus unserer Mitte verschwunden, und wir haben ihn seither nimmer gesehen."

In diesem Augenblick erschien Garcés, völlig außer Atem, die Stirn noch von Schweiß bedeckt, aber mit dem fröhlichsten, zufriedensten Gesicht, das man sich vorstellen kann.

„Verzeiht mir, Herrin", rief er, zu Constanza gewandt; „verzeiht mir, wenn ich ein Weilchen meine Pflicht vernachlässigt habe; aber dort, von wo ich herkomme, in gestrecktem Galopp, ging es mir, wie hier, einzig darum, Euch zu dienen."

„Mir zu dienen?" fragte Constanza. „Ich verstehe nicht, was du meinst."

„Ja, Herrin, Euch zu dienen", beharrte der junge Bursche; „denn ich hab' herausbekommen, daß es stimmt: das weiße Reh gibt es wirklich. Nicht nur Esteban, auch andere Schäfer haben es bestätigt; sie schwören, daß sie es mehr als einmal gesehen haben; und mit ihrer Hilfe, so hoffe ich zu Gott und meinem Schutzpatron, Sankt Hubertus, werde ich es Euch, noch ehe drei Tage um sind, hierher zur Burg bringen, lebend oder tot."

„Pah!" rief Constanza neckisch, während die übrigen Anwesenden, mehr oder weniger unverhohlen lachend, in ihre Tonart einstimmten. „Spar dir die nächtlichen Pirschgänge und laß die Finger von weißen Rehen. Bedenk, der Teufel hat es immer darauf abgesehen, die Einfältigen hereinzulegen, und wenn du es dir in den Kopf setzt, ihm auf den Fersen zu bleiben, wird er dich lächerlich machen, wie den armen Esteban."

„Herrin", fiel Garcés ihr ins Wort, mit stockender

Stimme, so gut wie möglich die Wut verbergend, in die ihn das höhnische Kichern seiner Kameraden versetzte, „ich habe den Teufel noch nie zu Gesicht bekommen und weiß daher nicht, wie er seine Scherze treibt; aber mit mir, das schwöre ich, kann er alles tun, nur eines nicht: mich lächerlich machen; denn die Ausübung dieses Privilegs kann ich nur Euch zubilligen, sonst niemandem."

Constanza wußte wohl, wie ihr Spott auf den verliebten jungen Mann gewirkt hatte; aber da sie das Verlangen hatte, seine Geduld bis zum äußersten zu reizen, fuhr sie im gleichen Ton fort:

„Und wenn er in dem Augenblick, da du auf ihn schießt, dich mit einem Verslein begrüßt, wie Esteban einen zu hören bekam, oder dir mitten ins Gesicht lacht und die Armbrust dir aus der Hand fällt, sobald sein unmenschliches Gelächter erschallt, und noch ehe du dich vom Schreck erholt hast, das weiße Reh entwischt ist, geschwinder als der Blitz?"

„Oh", rief Garcés, „was das betrifft, verlaßt Euch drauf: Hab' ich es erst mal in Schußweite vor mir, so kann es, auch wenn's noch mehr Faxen macht als ein hergelaufener Gaukler, auch wenn's keine Sprache spricht, die ein gewöhnlicher Mensch versteht, sondern lateinisch quatscht wie der Abt von Munilla – es kann nicht entkommen ohne einen Bolzen im Leib."

In diesem Moment mischte sich Don Dionís in den Wortwechsel ein und erteilte dem ohnehin schon hart geprüften Burschen mit einer entnervenden Ernsthaftigkeit, hinter der eine faustdicke Ironie zu erahnen war, die kuriosesten Ratschläge für den Fall, daß er, hopplahop, dem Satan in Gestalt eines weißen Rehs begegnen sollte. Bei jedem neuen Einfall ihres Vaters blickte Constanza den bedrängten Garcés an und lachte los wie eine Verrückte, indes die übrigen Bediensteten mit einverständigen Blikken und schlecht verschleierter Schadenfreude das Gehänsel anfeuerten.

Während des ganzen Abendessens setzte sich die Frotzelei fort, wobei die Leichtgläubigkeit des jungen Jägers sozusagen das Leitmotiv der allgemeinen Belustigung war. So kam es, daß Garcés, als man die Tafel aufhob und Don Dionís und Constanza sich in ihre Gemächer zurückzogen und sämtliche Bewohner der Burg sich zur Ruhe begaben, noch eine geraume Weile unschlüssig an Ort und Stelle verharrte, weil er nicht wußte, ob er trotz der Spöttelei seiner Herrschaft hartnäckig sein Vorhaben ausführen oder aber sang- und klanglos die ganze Angelegenheit begraben und vergessen sollte.

„Verflixt nochmal!“ rief er und durchstieß die Nebelwand seiner eigenen Ungewißheit. „Schlimmeres, als mir passiert ist, kann mir ja nimmer passieren . . . Wenn es jedoch wahr ist, was Esteban uns erzählt hat – oh, wie werde ich da meinen Triumph genießen!“

Mit diesen Worten ergriff er seine Armbrust – nicht ohne zuvor über der Pfeilspitze ein Kreuz geschlagen zu haben –, hängte sich die Waffe über die Schulter und eilte zur Nebenpforte der Burg, um den Weg zum Bergwald einzuschlagen.

Als Garcés zu der Klamm gelangte und genau an der Stelle war, wo er, wie Esteban ihm gesagt hatte, auf das Erscheinen der Rehe warten sollte, ging allgemach der Mond hinter den nahen Bergkuppen auf.

Als erfahrener Jäger, der sein Handwerk verstand, streifte er, bevor er sich für einen Anstand entschloß, wo er dem Wild auflauern wollte, eine gute Weile umher, prüfte die Pfade und Steige in der näheren Umgebung, die Verteilung der Bäume im Gelände, die Bodenbeschaffenheit, die Windungen des Flußlaufs und die Tiefe des Wassers da und dort.

Schließlich, nachdem er diesen sorgsamen Erkundungsgang beendet hatte, ging er an einem Abhang in Deckung, bei ein paar Pappelbäumen mit hohen, dunklen Wipfeln, zu deren Füßen Mastixsträucher wuchsen, hoch genug, um einen auf der Erde liegenden Mann zu verbergen.

Der Fluß, der von den moosbedeckten Felsen, aus denen er entsprang, herniederkam, immer dem Faltenverlauf des Moncayos folgend, und über einen Steilhang in die Klamm schoß, glitt von dort an geruhsam dahin, die Wurzeln der Weiden umspülend, welche seine Ufer beschatteten, oder mit munterem Gemurmel zwischen den Steinen spielend, die aus der Höhe herabgerollt waren, bis er in einen Gumpen sank, nicht weit von dem Fleck, der dem Jäger als Versteck diente.

Die Pappeln, deren silbrige Blätter der Wind mit einem lispelnden, lieblichen Geräusch bewegte, die Weiden, weit über die klare Strömung hinausgeneigt, in der sie die Spitzen ihrer schlaffen Zweige netzten, und die Dickichtgruppen der Steineichen, um deren Stämme sich Geißblatt und Kaiserwinde schlangen, um daran emporzuklettern, bildeten gemeinsam eine dichte Laubwand rings um die Fläche des besänftigt fließenden, im Stau verweilenden Flusses.

Rüttelnd an den Zeltdächern aus üppig gebreitetem Grün, deren flutende Schatten sich ringsum ergossen, ließ der Wind von Zeit zu Zeit einen Lichtstrahl verstohlen eindringen, der wie ein Silberblitz im Spiegel des stillstehenden, tiefen Gewässers aufblinkte.

Verborgen hinterm Gesträuch, mit gespitzten Ohren lauschend, lauernd auf den leisesten Laut und den Blick starr auf die Stelle gerichtet, wo nach seiner Berechnung die Rehe erscheinen mußten, wartete Garcés lange vergebens. Alles um ihn herum war in tiefer Stille versunken.

Ganz allmählich, sei es, weil die lastende Macht der Nacht, die schon zur Hälfte vorüber war, sich bemerkbar machte, sei es, weil das ferne Gemurmel des Wassers, der durchdringende Duft der wildwachsenden Blumen und das Streicheln des Windes seinen Sinnen die süße Schläfrigkeit mitteilte, von der die ganze Natur durchtränkt schien – ganz allmählich spürte der verliebte Bursche, der bis dahin sich die Zeit vertrieben hatte, indem er die verlockendsten Phantasiegebilde im Geiste hin und her bewegte, daß seine Vorstellungskraft langsamer arbeitete und seine Gedanken eine eher schwebende, verschwimmende Gestalt annahmen.

Nachdem er ein Weilchen schwankend sich in jenem vagen Bereich gewiegt hatte, der zwischen Wachsein und Schlaf vermittelt, schloß er schließlich halb die Augen, ließ die Armbrust aus seinen Händen gleiten und lag in tiefem Schlaf . . . .

Etwa zwei oder drei Stunden mochte der junge Jäger schon geschnarcht haben, sorglos ausgestreckt, in vollen Zügen einen der holdesten Träume seines Lebens genießend, als er plötzlich blinzelte, erschrocken die Augen öffnete und sich halb aufrichtete, noch ganz benommen, erfüllt von dem maßlosen Staunen dessen, der jählings zu sich kommt, herausgerissen aus einem tiefen Traum.

In dem stoßweise wehenden Wind und dem Durcheinander all der winzigen Nachtgeräusche glaubte er ein seltsames Stimmengewirr zu vernehmen, zarte, liebliche, geheimnisvolle Stimmen, die miteinander redeten, lachten oder sangen, jede für sich und etwas anderes, was ein so lärmendes, turbulentes Gezwitscher ergab, wie es die Vögel machen, wenn der erste Sonnenstrahl sie weckt im Laubwerk einer Allee.

Nur für einen Moment war dieses seltsame Stimmengewirr zu hören, und danach war alles wieder still.

„Wahrscheinlich hab' ich von dem albernen Zeug geträumt, das uns der Hirtenjunge erzählt hat", sagte Garcés laut vor sich hin, während er sich seelenruhig die Augen rieb, fest davon überzeugt, daß all das, was er zu hören geglaubt, nichts weiter war als jene Dunstspur von Traumtrug, die beim Erwachen in der Phantasie zurückbleibt, wie im Gehör noch der letzte Takt einer Melodie nachklingt, wenn der letzte Ton schon zitternd erloschen ist. Und niedergezwungen von der unüberwindlichen Mattigkeit, die seine Glieder in Bann hielt, ließ er langsam seinen Kopf zurücksinken auf den Rasen, als er wieder das ferne Echo jener geheimnisvollen Stimmen hörte, welche, begleitet vom Rauschen der Luft, des Wassers und der Blätter, also sangen:

C h o r

Der Bogenschütze, der Wache hielt, hoch droben auf dem Turm, hat sein schweres Haupt an die Mauer gelehnt.
Der Wilderer, der lauernd das Wild überlisten wollte, ist im Schlaf überlistet worden.
Der Hirte, der den Tag erwartet, die Sterne befragend, schlummert nun und wird schlummern bis zum Morgengrauen.

Königin aller Nixen, folge unseren Schritten!
Komm und wiege dich auf den Zweigen der Weiden,
über dem Wasserspiegel!
Komm und berausche dich an dem Duft der
Veilchen, die aufblühen im Dunkel!
Komm und genieße die Nacht, welche der Tag der
Geister ist!

Solange die süßen Klänge dieser bezaubernden Musik durch die Nachtluft schwebten, blieb Garcés reglos liegen. Als sie sich dann verflüchtigt hatten, schob er ganz vorsichtig die Zweige ein wenig beiseite und sah, nicht ohne ein Erschrecken, die Rehe erscheinen, die im Rudel, hinwegspringend übers Gestrüpp mit unglaublicher Leichtigkeit, plötzlich verhoffend, wie um zu lauschen, durcheinander tollend, bald im Dickicht sich versteckend, bald wieder heraushuschend auf den Pfad, vom Berg herabkamen, in Richtung auf den Gumpen im Fluß.

Seinen Gefährten voraus, behender, zierlicher, verspielter und munterer als alle, hüpfend, rennend, innehaltend und weiterrennend, daß es schien, als berührten seine Hufe überhaupt nicht den Boden, kam das weiße Reh, dessen fremdartige Färbung sich mit einem phantastischen Schimmer abhob vom dunklen Hintergrund der Bäume.

Obwohl der junge Mann die Neigung verspürte, in allem, was ihn umgab, etwas Übernatürliches und Wunderbares zu sehen, war doch in Wirklichkeit, abgesehen mal von der momentanen Halluzination, die ihm für einen Augenblick die Sinne verwirrte, indem sie ihm Musik, Stimmengeklingel und Worte vorgaukelte, weder an der Gestalt der Rehe noch an ihren Bewegungen oder den knappen, belfernden Lauten, mit denen sie sich zu rufen schienen, irgendetwas, mit dem ein Jäger, der solch nächtliche Ausflüge gewohnt war, nicht wohlvertraut sein mußte.

Je mehr er den ersten Eindruck verdrängte, desto nüchterner nahm Garcés das Ganze, und es ging ihm von nun an, während er innerlich lachte über die eigene Leichtgläubigkeit und Furcht, nur noch darum, auf die Richtung zu achten, welche das Rudel eingeschlagen hatte, und herauszufinden, an welcher Stelle sich die Rehe jetzt befanden.

Nachdem er die Entfernung abgeschätzt hatte, nahm er die Armbrust zwischen die Zähne, kroch im Schutz der Mastixsträucher wie eine Schlange voran und postierte sich aufs neue, etwa vierzig Schritte von dem Fleck entfernt, wo er zuvor in Deckung gelegen hatte. Als er es sich in seinem neuen Versteck bequem gemacht hatte, wartete er den Zeitpunkt ab, da die Rehe schon im Fluß wären, um dann mit größerer Treffsicherheit schießen zu können. Kaum ertönte jenes unverwechselbare Geräusch, das entsteht, wenn man aufs Wasser schlägt oder sich heftig darin bewegt, da richtete sich Garcés langsam, ganz langsam auf, mit äußerster Behutsamkeit, wobei er sich zunächst mit den Fingerspitzen, dann mit einem Knie auf der Erde abstützte.

Sobald er stand und tastend sich vergewissert hatte, daß die Waffe schußbereit war, trat er einen Schritt vor, reckte den Hals über das Gesträuch, um den Gumpen überblicken zu können, und legte die Armbrust an; doch im selben Moment, da sein Blick über den Lauf der erhobenen Waffe hinausglitt, auf der Suche nach dem Ziel, das er treffen sollte, entfuhr seinen Lippen ein unhörbarer, unwillkürlicher Schrei des Erstaunens.

Der Mond, der gemächlich über dem weitgeschwungenen Horizont emporgestiegen war, stand reglos, als stockte er, in der Mitte des Himmels; seine sanfte Helle überflutete den Wald, brachte die ruhige Oberfläche des Flusses zum Glänzen und ließ alle Dinge wie durch einen bläulichen Tüllschleier sehen.

Die Rehe waren verschwunden.

Statt ihrer sah Garcés, stutzend und fast von Angst erfaßt, eine Schar bildschöner Frauen, von denen einige soeben schäkernd ins Wasser gingen, während die anderen sich vollends der leichten Gewänder entledigten, welche dem gierigen Blick noch den Schatz wohlgewachsener Formen verbargen.

In den hurtigen, leicht vorüberhuschenden Träumen der Morgenfrühe, wimmelnd von verheißungsvollen, wollüstigen Bildern, so strahlend, so himmlisch heiter wie das Licht, das durch die weißen Bettvorhänge zu schimmern beginnt, hatte noch nie zuvor eine zwanzigjährige Einbildungskraft mit den Farben der Phantasie eine solche Szene entworfen, wie sie sich da den verblüfften Augen von Garcés darbot.

Ledig nun ihrer Gewänder und ihrer tausendfarbigen Schleier, die sich reizend abhoben von den Bäumen, an denen sie hingen, oder lässig hingeworfen auf dem Rasenteppich lagen, tummelten sich die Mädchen nach Lust und Laune im Gehölz, bildeten malerische Gruppen, tauchten in den Fluß und sprangen hervor aus dem Wasser, daß es aufspritzte als lauter Glitzerfunken und die Blumen am Ufer wie ein tauzarter Regenschauer besprühte.

Hier hob eine, hell wie das Wollvlies eines Lammes, ihren blonden Kopf aus den grün dahintreibenden Blättern einer Wasserpflanze, als sprösse da eine Blüte hervor, eine halb geöffnete Knospe, deren schmiegsamen Stengel man mehr ahnte als sah, wie er bebend sich regte unter den unzähligen Lichtkringeln der Wellen.

Eine andere, mit lose über die Schultern fallendem Haar, schaukelte dort, am Ast einer Weide hängend, über der Strömung des Flusses, und ihre kleinen, rosenfarbenen Füße ritzten im Darüberstreifen eine Silberlinie in die blanke Oberfläche. Während manche noch immer an der Böschung über dem Wasser lehnten, mit schlaftrunkenen blauen Augen, lustvoll den Duft der Blumen einatmend und gelinde erschauernd, wenn die kühle Brise sie berührte, tanzten einige in rasendem, schwindelerregendem Reigen, die Hände wunderlich verschränkt, den Kopf nach hinten geworfen in seliger Selbstvergessenheit, und mit dem Fuß auf den Boden stampfend in wechselnden Rhythmen.

Es war unmöglich, ihren flinken Bewegungen zu folgen, ganz unmöglich, mit einem Blick die zahllosen Details des Bildes zu erfassen, das sie darstellten, die einen laufend, scherzend, einander hetzend und haschend mit übermütigem Gelächter im Labyrinth der Bäume, die anderen das Wasser durchfurchend wie ein Schwan und mit erhobenem Busen den Wogenandrang brechend; wieder andere hinabtauchend auf den Grund, wo sie geraume Zeit verweilten, um an die Oberfläche zurückzukehren mit einer jener seltsamen Blüten, die ungesehen in der Tiefe des Flußbetts gedeihen.

Der Blick des verdutzten Jägers schweifte hingerissen von da nach dort, ohne zu wissen, wo er innehalten sollte, bis er unter gewölbtem Grün, das ihr als Thronhimmel zu dienen schien, umringt von einer Mädchenschar, in der eine schöner als die andere war und alle halfen, ihr die duftigen Kleider auszuziehen, den Gegenstand seiner heimlichen Anbetung sitzen zu sehen glaubte: die Tochter des edlen Don Dionís, die unvergleichliche Constanza.

Von einer Überraschung in die andere taumelnd, traute der verliebte Jüngling nicht mal dem Zeugnis seiner eigenen Sinne mehr und meinte, daß ein trügerisch bezaubernder Traum ihn in seinen Bann gezogen habe.

Doch so sehr er sich auch bemühte, es gelang ihm nicht, sich selber einzureden, daß alles, was er da sah, nichts als die Wirkung seiner ausschweifenden Phantasie sei; denn je länger, je genauer er die weibliche Gestalt betrachtete, desto fester war er davon überzeugt, daß es Constanza war.

Da war kein Zweifel möglich, nein; das waren ihre dunklen Augen, beschattet von langen Wimpern, die den Glanz ihrer Pupillen kaum zu dämpfen vermochten; ihre blonde, üppige Mähne war's, welche die Stirne krönte und von da sich ergoß über ihren weißen Busen und ihre runden Schultern wie ein goldener Wasserfall; und ihr gehörte dieser anmutige Hals, der das zarte Haupt trug, diesen Kopf, welcher sich leicht zur Seite neigte, wie eine Blume, die dem Gewicht der Tautropfen sich beugt; und jene wollusterweckenden Formen, die er vielleicht erträumt hatte, und jene Hände, wie zwei Sträußchen Jasmin, und jene winzigen Füße, vergleichbar allein mit zwei Tupfen Schnee, welche die Sonne nicht hinweggeschmolzen hat, zwei Tupfen Schnee, schimmernd im morgendlichen Grün.

In dem Moment, da Constanza aus ihrer Baumgruppe hervortrat, ohne irgendwelchen Schleier, der den Augen ihres Liebhabers die geheimen Schätze ihrer Schönheit verborgen hätte, stimmten ihre Gespielinnen aufs neue ein Lied an und sangen mit zaubersüßer Melodie die Worte:

Chor

Genien der Luft, ihr Bewohner des strahlenden Äthers, kommt herbei, in Fetzen silbernen Nebels gehüllt!
Unsichtbare Sylphen, verlaßt den Kelch der halb erblühten Lilien und kommt herbei in euren Wagen aus Perlmutt, den flatternde Falter im Fluge ziehen!
Larven im Brunnengrund, steigt auf aus dem Moosbett und fallt über uns her als rieselnder Perlenregen!
Smaragdkäfer, Glühwürmchen, von Feuer durchpulst, nachtschwarze Schmetterlinge, kommt!
Und kommt, ihr alle, Geister der Nacht; kommt herbei wie ein schwirrender Schwarm von Insekten aus Licht und Gold!
Kommt, denn schon glänzt das Gestirn, das alles Geheimnis beschirmt, herrlich in der Fülle seiner Schönheit!
Kommt, denn gekommen ist schon der Augenblick wunderbarer Verwandlung!
Kommt, denn die, die euch lieben, erwarten euch voller Ungeduld!

Garcés, der reglos verharrte, spürte, als er dies geheimnisvolle Singen hörte, daß der Giftzahn der Eifersucht ihm ins Herz stach, und einem Impuls gehorchend, der stärker war als sein Wille, riß er, in dem Verlangen, den Zauberbann, der seine Sinne umfangen hielt, ein für allemal zu brechen, mit zitternder, krampfhaft zuckender Hand das Gezweig auseinander, das ihn verbarg, machte einen einzigen Satz und stand am Ufer des Flusses. Der Zauber zerbrach, und alles zerstob wie der Rauch, und wie er in die Runde schaute, erblickte er und hörte er nichts anderes als das trappelnde Getümmel scheuender Rehe, die, ertappt im schönsten Moment ihrer nächtlichen Spiele, entsetzt vor seiner Erscheinung flohen, das eine dahin, das andere dorthin, mit einem Sprung das Gestrüpp überfliegend oder in gestrecktem Lauf zum Steig stürmend, den Hang hinauf.

„Oh! Ich hab's ja gesagt, daß das alles nur ein Trug-gespinst des Teufels ist", rief da der Jäger; „aber zum Glück hat er sich diesmal ein bißchen täppisch angestellt und das beste Beutestück in meinen Händen gelassen."

Und so war es, in der Tat: Das weiße Reh, das durchs Gehölz entwischen wollte, war ins Baumlabyrinth gesaust, hatte sich im Schlingwerk der Geißblattranken verfangen und versuchte erfolglos, sich freizustrampeln. Garcés legte die Armbrust an, zielte auf das Tier, doch im selben Augenblick, da er abdrücken wollte, drehte sich das Reh um, zu dem Jäger, und hielt ihn auf, indem es schrie, mit klarer, schriller Stimme:

„Garcés, was tust du?"

Der Jüngling schwankte, und nach einem Moment des Zweifels ließ er die Waffe zu Boden fallen, entsetzt bei der bloßen Vorstellung, er hätte seine Liebste verletzen können. Ein schallendes, gellendes Gelächter riß ihn schließlich aus seiner Benommenheit. Das weiße Reh hatte die wenigen Sekunden genutzt und war der Verstrickung entronnen. Flink wie ein Blitz floh es von hinnen, lachend über den Streich, den es dem Jäger gespielt hatte.

„Ah, verfluchtes Satansgeschöpf!" sagte dieser mit fürchterlicher Stimme. „Zu früh hast du den Siegesjubel angestimmt! Zu früh hast du geglaubt, du seist außer Schußweite!“

Und mit diesen Worten ließ er den Bolzen flitzen, der pfeifend losschwirrte und im Dunkel des Waldes verschwand, aus dessen Tiefe sogleich ein Schrei ertönte, worauf ein Stöhnen folgte, ersticktes Wimmern.

„Mein Gott“, rief Garcés, als er diese angstvollen Schmerzenslaute vernahm. „Mein Gott, wenn das wahr ist!“

Und außer sich, wie ein Irrer, ohne recht zu merken, was ihm geschah, rannte er in die Richtung, in die er den Bolzen geschossen hatte und aus der auch das Stöhnen herdrang. Endlich kam er hin; doch wie er hinkam, sträubten sich ihm die Haare vor Grauen, die Worte blieben ihm in der Kehle stecken, und er mußte sich an einem Baumstamm festklammern, um nicht zu Boden zu stürzen.

Constanza, verwundet durch seine Hand, verröchelte dort vor seinen Augen, sich wälzend im eigenen Blut, umstrickt vom stachligen Brombeergestrüpp des Bergwalds.

MEISTER PÉREZ DER ORGANIST (Legende aus Sevilla)

In Sevilla, und ausgerechnet in der Vorhalle von Santa Inés, als ich gerade auf den Beginn der Christmette wartete, hörte ich diese altüberlieferte Geschichte aus dem Munde einer Botengängerin des Klosters.

Natürlich war ich danach sehr gespannt auf das festliche Hochamt; ich fieberte in der Hoffnung, etwas Großartiges zu erleben.

Doch alles andere als großartig war die Orgel von Santa Inés, und denkbar banal klangen die fadfrommen Weisen, die uns der Organist in jener Nacht bescherte.

Als ich das Gotteshaus verließ, konnte ich es mir nicht verkneifen, die Botenfrau anzupflaumen, indem ich sie fragte:

„Woran liegt's bloß, daß die Orgel von Meister Pérez heutzutag so miserabel klingt?"

„Na daran eben", antwortete die Alte, „daß es gar nicht die seine ist."

„Nicht die seine? Was ist dann mit der geschehen?"

„Sie ist in tausend Stücke zerfallen, aus lauter Altersschwäche, vor einer ganzen Reihe von Jahren."

„Und die Seele des Organisten?"

„Ist nimmer erschienen, seit man die Ersatzorgel aufgestellt hat."

Falls einer meiner Leser auf die Idee kommen sollte, mir nach der Lektüre dieser Geschichte die gleiche Frage zu stellen, so hat er hiemit schon Bescheid erhalten, weshalb das herrliche Wunder nicht vorgehalten hat bis auf unsere Tage.

I

Seht Ihr den da mit dem roten Umhang und der weißen Feder auf dem Schlapphut; der so aussieht, als trüge er alles Gold der Galeonen aus Westindien auf seinem Wams; den da drüben, der jetzt gerade aus seiner Sänfte steigt, um der Señora dort die Hand zu reichen, die schon ihren Tragsessel verlassen hat und nun hierher kommt, mit vier fackeltragenden Pagen, die ihr vorangehen? Der Herr ist nämlich der Marqués Mosquoso, Verehrer der verwitweten Condesa de Villapineda. Man sagt, er habe, ehe er seine Augen auf diese Dame warf, um die Hand der Tochter eines steinreichen Mannes angehalten; aber der Vater des Fräuleins, von dem das Gerücht umgeht, er sei ein bißchen geizig . . . Doch – pst! – wenn man vom Esel spricht, dann kommt er. Seht Ihr den Mann dort, der unterm Torbogen von San Felipe daherkommt, zu Fuß, in eine dunkle Capa eingemummt und nur von einem einzigen Diener mit einer Laterne geleitet? Jetzt ist er gleich vor der Andachtsnische.

Habt Ihr, als er eben seinen Umhang zurückschlug, um das Heiligenbild zu grüßen, das Ordenskreuz bemerkt, das auf seiner Brust prangt? Ohne dieses aufgesteppte Standeszeichen würde ihn jedermann für einen Kakaokrämer aus der Schlangenstraße halten . . . Das ist nämlich der besagte Vater. Schaut, wie das gewöhnlich Volk ihm den Weg freimacht und ihn grüßt! Ganz Sevilla kennt ihn wegen seines kolossalen Vermögens. Er allein hat mehr Golddukaten in seinen Truhen, als unser Oberherr, König Philipp, Soldaten unterhält; und mit seinen Galeonen könnte er eine Flotte bilden, die es mit der des Großtürken aufnehmen würde . . .

Schaut, schaut, dort, die Gruppe feierlicher Herren, das

sind die Caballeros vom Rat der Vierundzwanzig. Holla, ei sieh da! Auch der flotte Flame läßt sich blicken, dem die Ketzerhäscher – wie die Leute sagen – nur deshalb noch nicht die eisernen Manschetten angelegt haben, weil er gute Beziehungen zu den Großkopfigen in Madrid besitzt... Der kommt nur in die Kirche, um Musik zu hören... Nein, wenn Meister Pérez mit seiner Orgel ihn nicht dazu bringt, daß er Rotz und Wasser heult, dann hat er gewiß kein Herz im Leib, und seine Seele schmort schon im Kessel des Gottseibeiuns... Ach, Nachbarin! Schlimm..., schlimm... Mir schwant, es wird einen Heidenspektakel geben. Ich jedenfalls flüchte mich in die Kirche. Denn es hat mir den Anschein, als würde es hier mehr Hiebe mit der flachen Klinge hageln, als Paternoster gen Himmel steigen. Schaut, schaut: die Leute des Herzogs von Alcalá kommen um die Ecke bei der Plaza de San Pedro, und durch das Gäßchen beim Palacio de las Dueñas hab' ich, deucht mir, die des Herzogs von Medina Sidonia anrücken sehen. Hab' ich's Euch nicht gesagt?

Schon haben sie einander erblickt, schon bleiben sie stehen auf beiden Seiten, postieren sich ... Die Tratschgrüppchen lösen sich auf ... Die Gerichtsdiener, die bei solchen Gelegenheiten Prügel beziehen von Freund und Feind, verdrücken sich ... Selbst der Herr Stadtvogt, mit seinem Amtsstab und allem Klimbim, sucht Zuflucht in der Vorhalle ... Und da sagt man, es gebe noch die strafende Gerechtigkeit. Ja, für die Armen ...

Du liebe Zeit, schon schimmern die Schilde in der Dunkelheit... Herr im Himmel, steh uns bei! Schon geht sie los, die Keilerei ... Nachbarin, Nachbarin! Hier..., ehe sie die Türen schließen. Aber, still doch! Was ist das? Sie haben noch nicht recht angefangen und hören schon wieder auf... Was für ein Lichtschein ist das?... Flackernde Fackeln! Sänften! Das ist der Herr Erzbischof.

Die hochheilige Schutzmantelmadonna, die ich grad eben in Gedanken angerufen habe, schickt ihn her, zu meiner Rettung... Ach, kein Mensch weiß, was alles ich dieser himmlischen Frau zu verdanken habe! ... Mit welch reichem Wucherzins vergütet sie mir die Lichtlein, die ich ihr samstags anzünde!... Schaut ihn Euch an, wie prächtig er daherkommt in seinem violetten Habit und mit seinem roten Birett... Gott erhalte ihn auf seinem Stuhl so viele Jahrhunderte, wie ich mir selbst zu leben wünsche! Wenn er nicht wäre – halb Sevilla wäre schon abgebrannt wegen der Zwistigkeiten zwischen den zwei Herzögen. Seht sie, seht sie Euch an, die Erzheuchler, wie sie sich beide der Sänfte des Kirchenfürsten nähern, um ihm den Ring zu küssen... Wie sie ihm nachlaufen, ihn geleiten, sich unter seine Dienerschaft mengen... Wer weiß, wenn diese beiden, die wie die engsten Freunde jetzt nebeneinander hertrotten, in der nächsten halben Stunde sich irgendwo in einer dunklen Gasse begegnen würden... Ich meine: sie selber, sie allein! ... Gott bewahre, nicht daß ich sie für Feiglinge hielte! Sie haben sich schon manches Mal als wackere Kämpen erwiesen, als sie gegen die Feinde unseres Herrn und Heilands zu Felde zogen... Aber, ich meine, wenn sie einander nachstellen würden..., sich suchen würden in der ernsten Absicht, daß es zu einem Treffen kommt, so würden sie einander auch treffen und ein Ende machen mit all der ständigen Streiterei, bei der in Wirklichkeit doch, wenn's hart auf hart geht, ihre Verwandten, Gefolgsleute und Dienstmannen den Kopf hinhalten müssen.

Aber, gehn wir, Nachbarin, los, gehn wir in die Kirche,

bevor alles gestopft voll ist. Denn manchmal an Weihnachten herrscht da solch ein Gedränge, daß kein Weizenkörnchen mehr hineingeht ... Einen wahren Goldfisch haben die Nonnen geschnappt mit ihrem Organisten ... Wann hat das Kloster jemals einen solchen Zulauf gehabt wie jetzt? ... Die anderen Ordensgemeinschaften – ich kann Euch sagen –, die haben Meister Pérez die großartigsten Angebote gemacht. Das ist freilich nicht weiter verwunderlich, denn selbst der Herr Erzbischof hat ihm goldene Berge versprochen für den Fall, daß er in die Kathedrale überwechselt ... Aber er, nixda ... Eher würde er aufs eigene Leben verzichten als seine Lieblingsorgel verlassen ... Ihr kennt Meister Pérez nicht? Ihr seid ja auch neu im Viertel ... Nun, er ist ein heiliger Habenichts, ein armer Mann, der doch sein Scherflein so großmütig spendet wie kein zweiter ... Da er keine Verwandten hat außer seiner Tochter, und keine Freunde außer seiner Orgel, besteht seine ganze Lebensaufgabe darin, die Unschuld der einen zu bewachen und die Register der anderen in Ordnung zu halten ... Denn Vorsicht, die Orgel ist alt! ... Macht nix; er hütet und hegt sie, repariert und pflegt sie mit soviel Geschick, daß sie klingt wie ein wahres Wunder ... Er kennt sie aber auch so in- und auswendig, daß er blindlings ... Ich weiß nicht, ob ich Euch das gesagt habe: der Arme ist nämlich blind von Geburt an ... Und mit welcher Geduld trägt er sein schweres Los! ... Wenn man ihn fragt, wieviel er geben würde für das Augenlicht, antwortet er: ‚Viel, aber nicht soviel, wie Ihr glaubt; denn ich hab' eine Hoffnung.' – ‚Die Hoffnung, sehen zu können?' – ‚Ja, und das recht bald', sagt er, lächelnd wie ein Engel. ‚Ich bin schon sechsundsiebzig Jahre alt. Wie lang mein Leben auch noch dauern mag – bald werde ich Gott schauen.'

Der Ärmste! Ganz gewiß wird der Ihn schauen ..., denn er ist demütig wie die Pflastersteine auf der Straße, die sich treten lassen von aller Welt ... Immer sagt er, daß er bloß ein armseliger Klosterorganist sei; dabei könnte er sogar dem Kapellmeister des Primas Nachhilfestunden geben. Er hat eben seine Kunst schon mit der Muttermilch eingesogen. Sein Vater hatte nämlich dasselbe Amt wie er. Ich habe den nicht gekannt, aber meine Frau Mutter – Gott hab' sie selig! – hat mir erzählt, daß er sie immer mit hinaufgenommen habe zum Bälgertreten. Später zeigte der Bub soviel Talent, daß er ganz selbstverständlich nach dem Tod seines Vaters die Stelle erbte ... Und was für Hände er hat! Gott segne sie! Man sollte sie geradezu in die Rätschenmacherstraße bringen und dort in Gold fassen lassen ... Immer spielt er gut, immer; aber in solchen Nächten wie heute, ist es ein Wunder ... Die Feier der Christmette liegt ihm besonders am Herzen, und wenn die heilige Hostie erhoben wird, Glock' zwölf Uhr, zu dem Zeitpunkt also, da unser Herr Jesus Christus zur Welt kam ..., da sind die Stimmen seiner Orgel Engelsstimmen ...

Aber wozu soll ich rühmen, was Ihr doch selbst gleich hören werdet? Es besagt ja genug, wenn Ihr mit eigenen Augen seht, daß alles, was Rang und Namen hat in Sevilla, mitsamt dem Herrn Erzbischof, hierherströmt, zu einem bescheidenen Klosterkirchlein, um sein Spiel zu hören. Und glaubt nur nicht, daß bloß die gebildeten, hochgelahrten, mit der Tonkunst vertrauten Leute ihn zu schätzen wissen; nein, auch Hinz und Kunz. All die Menschenrudel, die Ihr daherkommen seht mit brennenden Kienspänen, Hirtenliedchen singend, juchzend und schreiend im Takt der Tamburine, Schellenrasseln und Schnarrtrommeln, sind – ganz gegen ihre Gewohnheit, Radau zu machen in den Kirchen – totenstill, sobald Meister Pérez in die Tasten seiner Orgel greift . . . Und wenn er die Hände hebt . . ., wenn er sie hebt, ist kein Muckenschnaufer zu hören . . .: aus allen Augen kullern Tränen, haselnußgroß, und wenn es vorbei ist, vernimmt man einen einzigen, ungeheuerlichen Seufzer, der nichts anderes ist als das Ausatmen der Zuhörer, welche die Luft angehalten haben, solange die Musik erklang . . . Aber auf, gehn wir; das Glockengeläut hat schon aufgehört, und die Messe fängt gleich an. Gehn wir hinein . . . Für alle Welt ist heut Heiligabend, aber für niemanden ist er heiliger, himmlischer als für uns."

Mit diesen Worten durchquerte das gute Weib, das der Nachbarin als Fremdenführer gedient hatte, das Atrium des Klosters Santa Inés, quetschte sich – einen Ellbogenstoß nach links, einen Schubs nach rechts austeilend – ins Gotteshaus hinein und verschwand in der Menge, die in dichtem Gedränge sich durch das Portal schob.

II

Die Kirche war erleuchtet mit überwältigender, verschwenderischer Pracht. Der Lichtschwall, der von den Altären herniederflutete, um alles zu erfüllen ringsum, blitzte auf in den kostbaren Schmuckstücken der Damen, die niederkniend auf samtenen, von Pagen ausgelegten Kissen, das Gebetbuch entgegennehmend aus den Händen ihrer Zofen, soeben vor dem Chorgitter einen glänzenden Halbkreis bildeten.

Unweit von diesem Gitter, stehend, eingehüllt in ihre farbigen, mit Goldtressen besetzten Capas, die in wohleinstudierter Lässigkeit noch ein bißchen die roten und grünen Ordenskreuze hervorlugen ließen, in der einen Hand den Schlapphut, dessen Federn den Bodenteppich küßten, während die andere auf dem blankgeputzten Bügel des Stoßdegens ruhte oder den Knauf des ziselierten Dolches streichelte, schienen die Vierundzwanzig – darunter ein Großteil des feinsten sevillanischen Adels – eine Mauer zu bilden, deren Bestimmung es war, die Töchter und Gemahlinnen abzuschirmen gegen den Pöbel. Dieser, wimmelnd und wogend hinten in den Kirchenschiffen, mit einem Rumoren, das klang wie das Rauschen des Meeres, wenn es sich aufbäumt im Sturm, brach in einen tosenden Beifall aus, verstärkt vom Gedröhn der Tamburine und Schellenrasseln, als der Erzbischof erschien, der dem Volk, nachdem er neben dem Hochaltar Platz genommen hatte, unter einem scharlachroten Thronhimmel, umgeben von seinem Gefolge, dreimal den Segen spendete.

Nun war es an der Zeit, daß die Messe begann. Doch es verstrichen einige Minuten, ohne daß der Zelebrant sich zeigte. Die Menge wurde allmählich unruhig, bekundete ihre Ungeduld; die Caballeros wechselten ein paar halblaute Worte, und der Erzbischof schickte einen seiner Diener in die Sakristei, um zu erfahren, warum die Zeremonie noch nicht anfing.

„Meister Pérez ist erkrankt, schwer erkrankt, und es wird kaum möglich sein, daß er heute an der Mitternachtsmesse teilnimmt."

Das war die Auskunft, die der Diener brachte.

Die Nachricht ging wie ein Lauffeuer durch die Volksmasse. Das Mißvergnügen zu schildern, das sie auslöste, wäre ein vergebliches Unterfangen. Daher genüge die Feststellung: Der Tumult, welcher sich da erhob, war derart, daß der Stadtvogt aufstand und die Gerichtsdiener hereinkamen, um die Ruhe wiederherzustellen, indem sie sich mitten in die hochgehenden Volkswogen begaben.

In diesem Augenblick ging ein schief gewachsener, knochendürrer und überdies schieläugiger Mann nach vorne, bis zum Sitz des Kirchenfürsten.

„Meister Pérez ist krank", sagte er. „Die Zeremonie kann nicht beginnen. Wenn Ihr wollt, werde ich an seiner Statt auf der Orgel spielen; denn Meister Pérez ist nicht der erste Organist der Welt, und nach seinem Tod wird man dieses Instrument nicht ungenutzt stehen lassen, weil keiner da wäre, der damit umzugehen wüßte."

Der Erzbischof nickte zustimmend, und schon begannen einige der Gläubigen, denen jene seltsame Person bekannt war als ein neidischer Konkurrent und Feind des Organisten von Santa Inés, in laute Mißfallensäußerungen auszubrechen, als man plötzlich aus der Vorhalle einen schrecklichen Lärm vernahm.

„Meister Pérez ist da! . . . Meister Pérez!"

Auf diese Schreie hin, ausgestoßen von denen, die unter der Tür zusammengepfercht waren, drehte jedermann den Kopf.

Meister Pérez, mit blassem, verzerrtem Gesicht, kam tatsächlich in die Kirche herein, auf einem Sessel, den zu tragen alle als eine Ehre betrachteten, um die sie sich stritten.

Weder die Vorschriften der Ärzte noch die Tränen seiner Tochter hatten es vermocht, ihn im Bett festzuhalten.

„Nein", hatte er gesagt. „Dies ist das letzte Mal, ich weiß es. Ich weiß es, und will nicht sterben, ohne meine Orgel nochmal zu besuchen, und heute vor allem, am Heiligen Abend. Also, ich will es, ich verlange es."

Sein Wunsch war in Erfüllung gegangen. Kirchenbesucher schafften ihn auf den Armen zur Empore hinauf, und die Messe begann. Im selben Moment schlug die Uhr der Kathedrale zwölf.

Der Introitus ging vorüber, die Lesung des Evangeliums, das Offertorium, und es kam der feierliche Augenblick, in dem der Priester, nachdem er sie geweiht hat, mit den Fingerspitzen die Oblate faßt und langsam erhebt.

Eine Wolke von Weihrauch, die in bläulichen Wogen sich entrollte, erfüllte den Kirchenraum.

Die Glöckchen klingelten mit vibrierendem Klang, und Meister Pérez legte seine verkrümmten Hände auf die Tasten der Orgel.

Die hundert Stimmen ihrer metallenen Pfeifen erdröhnten in einem majestätischen, langgezogenen Akkord, der allmählich entschwand, als ob ein Windstoß seine letzten Echos fortgerissen hätte.

Diesem ersten Akkord, der wirkte wie eine Stimme, welche sich von der Erde zum Himmel aufschwingt, antwortete ein zweiter, fern und zart, der langsam wuchs, schwoll und schwoll, bis er zu einem tollen Wildwasser voll donnernder Harmonie wurde. Es war die Stimme der Engel, die, alle Himmel durchhallend, herab zur Erde drang.

Danach glaubte man, wie von weit her, Hymnen zu hören, gesungen von den Hierarchien der Seraphim. Tausend Hymnen zugleich, die ineinanderströmten und einen einzigen Lobgesang bildeten, der jedoch nur die Begleitung war für eine seltsame Melodie, die zu schweben schien über jenem Ozean geheimnisvoller Akkorde, wie ein Nebelfetzen über den Wellen des Meeres.

Dann verloren sich einige, danach noch weitere. Das Klanggeflecht vereinfachte sich. Jetzt waren es bloß noch zwei Stimmen, deren Echos miteinander verschmolzen; schließlich blieb eine einzelne übrig, ganz allein, die einen strahlenden Ton hielt, wie einen Faden aus Licht. Der Priester neigte die Stirn, und über seinem weißhaarigen Haupt, wie durch einen blau wehenden Schleier hindurch, den der Weihrauch vortäuschte, erschien die Hostie den Augen der Gläubigen. In diesem Augenblick erbebte der Ton, den Meister Pérez durchgehalten hatte, bebte, zersprang, und eine Explosion gewaltiger Harmonie erschütterte die Kirche, in deren Ecken die zusammengedrängte Luft brauste, während die Farbfenster erzitterten in ihren schmalen Spitzbogenrahmen.

Aus jedem einzelnen der vielen Töne, die diesen großartigen Akkord bildeten, entwickelte sich ein Thema, und die einen nah, die anderen fern, diese strahlend, jene gedämpft, erweckten sie alle miteinander den Eindruck, als ob die Gewässer und die Vögel, die Winde und die Laubwipfel, die Menschen und die Engel, die Erde und die Himmel gemeinsam und ein jedes in seiner Sprache jubelnd die Geburt des Heilands besängen.

Die Menge lauschte staunend und verzückt. In jedem Auge war eine Träne; tiefe Sammlung in jeder Seele.

Der Priester, der das Hochamt hielt, spürte, wie ihm die Hände zitterten, weil Der, den er in ihnen emporhob, Der, den Menschen und Erzengel grüßten, sein Gott war, wirklich sein Gott war, und ihm schien, als hätte er gesehen, wie die Himmel zerspringend sich auftaten und die Hostie sich verwandelte.

Die Orgel tönte noch immer, aber ihre Stimmen erloschen nach und nach, wie eine Stimme, die hinschwindet von Echo zu Echo und sich entfernt und um so schöner wird, je weiter sie in die Ferne entschwebt, als auf einmal ein Schrei ertönte auf der Empore, ein schriller, herzzerreißender Schrei, der Schrei einer Frau.

Die Orgel stieß einen befremdlichen Mißton aus, der fast wie ein Schluchzen klang, und verstummte.

Die Menge stürzte sich zu der Treppe, die hinaufführte zur Empore, wohin, jählings herausgerissen aus ihrer frommen Entrücktheit, nun alle Gläubigen voll Angst die Blicke richteten.

„Was ist passiert? Was ist los?“ fragten sie einander, und keiner konnte Antwort geben; ein jeder suchte es zu erahnen, die Verwirrung wuchs, und das Gelärme wurde so heftig, daß Zucht und Andacht, wie sie sich in der Kirche geziemen, bedroht waren.

„Was war denn das?“ fragten die Damen den Stadtvogt, der an der Spitze seiner Gerichtsdiener als einer der ersten auf die Empore geeilt war und jetzt, blaß und anscheinend tief bekümmert, sich dorthin wandte, wo der Erzbischof ihn erwartete, begierig wie alle anderen, die Ursache jener Störung zu erfahren.

„Was gibt's?»

„Meister Pérez ist soeben gestorben.“

Und wirklich: als die vordersten Gläubigen, nachdem sie atemlos die Treppe hinaufgehastet waren, auf der Empore anlangten, sahen sie den armen Organisten, nach vorn gefallen, das Gesicht auf den Tasten seines alten Instruments, das noch dumpf vibrierte, während seine Tochter, weinend, schluchzend, ihn vergeblich anrief.

III

Guten Abend, teure Señora Doña Baltasara! Auch Euer Liebden kommen heut zur Christmette? Ich für meinen Teil hatte eigentlich vor, sie in der Pfarrkirche zu hören;

aber, wie es halt so geht ... Wohin lenkt er die Socken? Dorthin, wo alle hocken. Und das, obwohl mir's, wenn ich ganz offen sein soll, seit dem Tod von Meister Pérez jedesmal, wenn ich hineingeh' in das Klosterkirchlein, zumut ist, als drückte mir ein Grabstein aufs Herz ... Der Ärmste! Er war ein Heiliger! ... Ich kann Euch verraten, daß ich ein Stückchen Stoff von seinem Wams als Reliquie aufbewahre, und ich tue gut daran ... Denn bei Gott und meiner Seele, wenn der Herr Erzbischof sich dafür einsetzen würde, dann könnten unsere Enkel den Flicken dereinst in einem Altarschrein sehen ... Aber was kann man da schon erwarten! ... Wer fort ist und begraben, wird keinen Freund mehr haben ... Was heutzutage zählt, ist der neueste Hut ... Euer Liebden verstehen schon, was ich meine. Wie! Ihr habt keine Ahnung von dem, was sich da tut? Freilich, wir beide sind uns darin ähnlich: Von der Küche zur Kirche, und von der Kirche zur Küche, ohne sich darum zu kümmern, was die Leute sagen oder ungesagt lassen ... Ich schnappe allerdings – nur so im Vorübergehen – mal da ein Wörtchen, mal dort ein Wörtchen auf ... und bin so, ohne daß mir überhaupt was dran läge, doch meistens einigermaßen auf dem laufenden.

Nun ja, die Sache ist die: Es sieht so aus, als wäre es bereits abgekartet, daß der Organist von San Román, jener schieläugige Geselle, der immer Gift und Galle speit gegen die anderen Organisten, ein Erzpfuscher, der eher einem Schlächter hinter der Fleischbank gleicht als einem Künstler auf der Orgelbank, heut am Heiligen Abend dort spielen soll, wo einst Meister Pérez gespielt hat. Euer Liebden werden ja wissen – denn es ging von Mund zu Mund und ist stadtbekannt in ganz Sevilla –, daß niemand sonst sich anheischig machen wollte, dies zu tun. Nicht einmal seine Tochter, die vom Fach ist und nach dem Tod ihres Vaters als Novizin ins Kloster eintrat.

Und das ist nur allzu verständlich. Da wir es nun mal gewöhnt sind, so Wunderbares zu hören, muß alles andere uns danach als bare Jämmerlichkeit erscheinen, so sehr man sich auch vor Vergleichen hüten mag. Doch als die Klostergemeinschaft schon beschlossen hatte, daß zu Ehren des Verstorbenen und zum Zeichen des respektvollen Angedenkens die Orgel heute nacht schweigen solle – sieh mal an, da präsentierte sich besagter Mensch und erklärte, er wage es, auf dem Instrument zu spielen ... Es gibt nichts Dreisteres als die Ahnungslosigkeit ... Gewiß, es ist nicht seine Schuld, sondern Schuld derer, die ihm diese Entweihung gestatten. Aber so geht's auf der Welt ... Ich sag's ja ... Es fehlt nicht an Zustrom ... Man könnte grad meinen, es hätte sich nichts geändert seit dem letzten Jahr. Dieselben hochgestellten Persönlichkeiten, der gleiche Luxus, das gleiche Gedrängel und Geschubse an den Türen, der gleiche Trubel in der Vorhalle, die gleiche Menschenmenge im Gotteshaus ... Ach, wenn der Tote den Kopf heben könnte! Er würde sich umdrehen im Grab, würde rasch zum zweiten Mal sterben, um bloß nicht mitanhören zu müssen, wie solche Hände seine Orgel traktieren.

Na, falls es stimmt, was man mir gesagt hat, haben die Leute aus dem Viertel vor, dem zudringlichen Kerl ordentlich heimzuleuchten. Sobald er mit seinen Fingern die Tasten berührt, wird ein Höllenkonzert von Schellenrasseln, Tamburinen und Schnarrtrommeln losgehen, daß man keinen Ton sonst mehr hört ... Aber – pst! – schon stolziert der Held des Abends in die Kirche hinein. Jesses, was für ein buntscheckiges, zierärmelschlenkerndes Gekkenjäckchen, was für eine stärkestrotzende Röhrchenhalskrause, was für ein großmächtiges Gehabe! Auf, gehn wir, denn schon vor einem Weilchen ist der Erzbischof gekommen, und die Messe wird gleich anfangen. Gehn wir, denn mir schwant, der heutige Heiligabend wird uns Gesprächsstoff liefern für viele Tage."

Mit diesen Worten drang das gute Weib, das unsere Leser längst wiedererkannt haben am Schwall ihrer unaufhaltsamen Redseligkeit, in das Klosterkirchlein von Santa Inés ein, sich wie üblich mit Schubsern und Ellbogenstößen einen Weg durch die Menge bahnend.

Die Zeremonie hatte schon begonnen. Der Kirchenraum war so strahlend illuminiert wie im vorigen Jahr.

Der neue Organist hatte sich, nachdem er mitten durch die Masse der Gläubigen, welche die Schiffe füllte, hindurchgeschritten war, um den Ring des Kirchenfürsten zu küssen, auf die Empore begeben, wo er nun mit einer ebenso affektierten wie lächerlichen Wichtigkeit die Register zog, eines nach dem anderen.

Unterm einfachen Volk, das dicht gedrängt drunten in der Kirche stand, ging ein dumpfes, verworrenes Grollen um – drohendes Vorzeichen des Gewitters, das sich da zusammenbraute und demnächst sich entladen würde.

„Ein Scharlatan ist er, der alles verpfuscht und daher nicht mal ordentlich gradaus gucken kann", sagten die einen.

„Ein Oberdummkopf, der jetzt, nachdem er die Orgel in seiner Pfarrkirche so ruiniert hat, daß sie kläglicher als ein Rumpelkasten ist, sich auch noch an der von Meister Pérez vergreifen will", sagten die anderen.

Und während da ein Bursche sich des Wettermantels

entledigte, um ungehindert auf sein Tamburin eindreschen zu können, und dort einer die Schellenrassel reckte und jedermann sich bereitmachte, einen mordsmäßigen Krawall zu veranstalten, wagten es nur vereinzelte, ein paar halbherzige Worte der Verteidigung vorzubringen für die seltsame Person, deren hochmütiges Schulmeistergebaren in so krassem Gegensatz zu dem bescheidenen Auftreten und der umgänglichen Güte des verstorbenen Meisters Pérez stand.

Schließlich kam der erwartete Moment, der feierliche Moment, da der Priester, nachdem er sich verneigt und ein paar Weiheworte gesprochen hatte, die Hostie mit seinen Händen ergriff ... Die Glöckchen klingelten, daß es klang wie ein Regen aus Kristallgeklimper; die lichtdurchschimmerten Wogen des Weihrauchs wölkten empor, und die Orgel ertönte.

Ein rasendes Donnergetöse erfüllte im selben Augenblick den ganzen Kirchenraum und erstickte ihren ersten Akkord.

Pansflöten, Dudelsäcke, Schellenrasseln, Tamburine, all die Instrumente des gemeinen Volks, schmetterten los in einhellig schrillem, ohrenbetäubendem Mißklang; aber das Tohuwabohu und der Höllenradau dauerten nur einige Sekunden. Einhellig, wie sie losgelärmt hatten, verstummten alle mit einem Schlag.

Der zweite Akkord, weitgespannt, kühn, prächtig, hielt noch immer an, hervorquellend aus den Metallpfeifen der Orgel wie ein Sturzschwall unerschöpflicher, herrlich brausender Harmonie.

Himmlische Weisen, wie sie das Gehör liebkosen in den Augenblicken der Verzückung; Weisen, die der Geist vernimmt und die Lippe nicht zu wiederholen vermag; einzelne Töne einer fernen Melodie, die in Abständen erklingt, hergeweht von den Böen des Windes; Rauschen von Blättern, die einander küssen in den Bäumen mit murmelndem Geplätscher, das dem Plätschern des Regens gleicht; Tirilieren von Lerchen, die glucksend aufsteigen aus der Fülle blühender Blumen wie ein Pfeil, zu den Wolken entsandt; namenloses Gedröhn, übermächtig wie das Brüllen eines Unwetters; seraphische Chöre, ledig aller Fesseln von Rhythmus und Takt; unbekannte Musik des Himmels, die nur die Phantasie erfaßt; geflügelte Hymnen, die sich emporzuschwingen schienen zu Gottes Thron wie eine Trombe wirbelnden Lichts, himmelwärts strudelnder Klänge ... all dies drückten die hundert Stimmen der Orgel aus, mit größerer Wucht, mit geheimnismächtigerer Poesie, mit phantastischerer Farbe, als sie es je zuvor getan hatten. ....

Als der Organist herabkam von der Empore, stürmten so viele Menschen zur Treppe hin, und so ungestüm war ihr Verlangen, ihn zu sehen, ihn zu bewundern, daß der Stadtvogt, aus der nicht unverständlichen Sorge, der Musiker könnte zerdrückt werden inmitten der Masse, einigen seiner Gerichtsdiener befahl, mit dem Amtsstab in der Hand dem Meister einen Weg zu bahnen bis hin zum Hochaltar, wo der Kirchenfürst ihn erwartete.

„Ihr seht ja“, sagte der Erzbischof, als man den Organisten vor ihn brachte, „ich komme aus meinem Palast hierher, aus dem einzigen Grund, Euch zu hören. Werdet Ihr auch so grausam sein wie Meister Pérez, der mir kein einziges Mal diese Reise ersparen wollte und hartnäckig sich geweigert hat, in der Kathedrale zu spielen bei der Christmette?“

„Nächstes Jahr“, antwortete der Organist, „das verspreche ich, werde ich Euch den Gefallen tun; denn nicht um alles Gold der Welt würde ich jemals wieder diese Orgel anrühren.“

„Und warum?“ unterbrach ihn der Kirchenfürst.

„Weil ...“, sagte der Organist, bemüht, die Erregung zu beherrschen, die sich in der Blässe seines Gesichts verriet, „weil sie alt und schlecht ist und nicht alles zum Ausdruck bringt, was man ausdrücken möchte.“

Der Bischof entfernte sich, gefolgt von seinen Begleitern. Eine nach der anderen zogen die Sänften der Herrschaften in langer Reihe davon und verloren sich im Gewinkel der benachbarten Gassen; die Grüppchen in der Vorhalle lösten sich auf, die Gläubigen verliefen sich in verschiedene Richtungen, und die Botengängerin schickte sich schon an, das Eingangstor des Atriums zu schließen, als noch immer zwei Frauen sichtbar waren, die, nachdem sie sich bekreuzigt und ein Gebet gemurmelt hatten vor der Andachtsnische unterm Torbogen von San Felipe, sich auf den Heimweg machten und in das enge Gäßchen beim Palacio de las Dueñas hineingingen.

„Was wollt Ihr, teure Señora Doña Baltasara?“ sagte die eine. „So bin ich nun mal. Jedem Narren seine Kappe ... Und wenn mir's hundert barfüßige Kapuziner beschwören würden, ich würd's immer noch nicht recht glauben ... Dieser Mensch kann das nicht gespielt haben, was wir gehört haben ... Hab' ihn doch tausendmal gehört in San Bartolomé, der Kirche, wo er angestellt war und von wo ihn der Herr Pfarrer hinauswerfen mußte, weil er nichts taugte ... Grauenhaft war's, was er dort bot; man mußte sich die Ohren mit Watte verstopfen ... Und man muß ihm doch bloß ins Gesicht sehen, das ja – wie man so sagt – der Spiegel der Seele ist ... Ich erinnere mich – ach, der Ärmste, mir ist, als stünde er mir vor Augen! –, ich erinnere mich, was für ein Gesicht Meister Pérez hatte, wenn er allemal an Heiligabend von der Empore herunterkam, nachdem er uns mit seiner Kunst völlig bezaubert hatte ... Was für ein gütiges Lächeln, was für ein lebhaftes Leuchten von innen! ... Er war alt und wirkte wie ein Engel ... Nicht wie der da, der von der Empore herabgestolpert ist, als ob ein kläffender Hund ihm auf dem Treppenflur begegnet wäre; leichenblaß und mit ... Nein, nein, Señora Doña Baltasara, glaubt mir, Euer Liebden, glaubt mir in allem Ernst: ich vermute, da ist ein Spuk im Spiel ..."

Diesen Verdacht erörternd, bogen die beiden Frauen um eine Ecke des Gäßchens und verschwanden.

Es erübrigt sich wohl, unseren Lesern zu sagen, wer die eine von den zweien war.

IV

Wieder war ein Jahr vergangen. Die Äbtissin des Klosters Santa Inés und die Tochter von Meister Pérez sprachen in gedämpftem Ton miteinander, kaum sichtbar im Dämmerdunkel des Chors. Die große Glocke auf dem Turm rief, weithin hallend, die Gläubigen, und die eine oder andere Person durchquerte die Vorhalle, die diesmal still und öde war, benetzte an der Kirchentür die Finger mit Weihwasser und suchte sich einen Platz in einem der Schiffe, wo ein paar Leute aus der Nachbarschaft ruhig auf den Beginn der Christmette warteten.

„Ihr seht doch", sagte die Vorsteherin, „Eure Furcht ist kindisch und völlig überflüssig; kein Mensch ist da; ganz Sevilla strömt heute nacht in die Kathedrale. Ihr sollt auf der Orgel spielen ... Spielt völlig unbefangen, ohne irgendwelche Beklemmungen; wir werden ganz unter uns sein. Was ist los mit Euch? Was habt Ihr?"

„Ich habe ... Angst", stieß das Mädchen hervor, mit einer Stimme, die tief beunruhigt klang.

„Angst! Wovor?"

„Ich weiß nicht ..., vor etwas Übernatürlichem ... Gestern abend, wißt, da hörte ich Euch sagen, daß Ihr mich unbedingt dazu bewegen wollt, bei der Messe die Orgel zu spielen; und stolz auf diese Auszeichnung, nahm ich mir vor, die Register zu ordnen und schön abzustimmen, um Euch heute eine Überraschung zu machen ... Ich kam in den Chor ... allein ..., öffnete die Tür zur Empore ... Die Uhr der Kathedrale schlug in diesem Moment eine Stunde ..., ich weiß nicht, welche ..., aber die Glockenschläge waren todtraurig, und viele waren es, viele ..., sie dröhnten die ganze Zeit, solang ich wie erstarrt auf der Schwelle verharrte, und diese Zeit kam mir vor wie ein Jahrhundert.

Die Kirche war leer und finster ... Dort drüben, im Hintergrund, leuchtete, wie ein verlorener Stern am Nachthimmel, ein sterbensmattes Licht ...: das Licht der Lampe, die auf dem Hochaltar brennt ... In ihrem schwachen, dürftigen Schimmer, der das grauenhafte Dunkel nur noch deutlicher empfinden ließ, sah ich ..., ich sah, Mutter, glaubt es mir, ich sah einen Mann, der in aller Stille, den Rücken mir zugekehrt, mit einer Hand über die Tasten der Orgel fuhr, während er mit der anderen die Register zog ..., und die Orgel ertönte, aber sie tönte in unbeschreiblicher Weise. Jeder Ton von ihr war wie ein ersticktes Schluchzen der metallenen Pfeife, die erzitterte unterm Druck der zusammengepreßten Luft in ihrem hohlen Inneren und den dumpfen Ton hervorbrachte, einen fast unhörbaren, aber richtigen Ton.

Und die Uhr der Kathedrale schlug noch immer die Stunde, und der Mann dort ließ unablässig seine Finger über die Tasten gleiten. Ich hörte sogar sein Atmen.

Der Schreck hatte mir das Blut in den Adern gefrieren lassen; ich fühlte in meinem Körper etwas wie Eiseskälte, und in meinen Schläfen Feuer ... Da wollte ich schreien, wollte schreien, konnte aber nicht. Der Mann hatte sein Gesicht zu mir herumgewandt und mich angeschaut ...; nein, das stimmt nicht, er hatte mich nicht angeschaut; denn er war blind ... Es war mein Vater!"

„Pah, Schwester, schlagt Euch die Phantastereien aus dem Kopf, mit denen der böse Feind die Anfälligkeit unserer Einbildungskraft mißbraucht, um den Geist zu verwirren ... Betet ein Paternoster und ein Avemaria zum Erzengel Sankt Michael, dem Anführer der himmlischen Heerscharen, damit er Euch beisteht gegen die bösen Geister. Tragt ein Skapulier um den Hals, das in Berührung gebracht worden ist mit der Relique von San Pacomio, dem Schutzhelfer gegen die Versuchungen, und macht, daß Ihr hinaufkommt zur Orgelempore, schnell! Die Messe fängt gleich an, und die Gläubigen warten schon voller Ungeduld ... Euer Vater ist im Himmel, und von dort wird er nicht herabkommen, um Euch einen Schrecken einzujagen; viel eher wird er kommen, um seine Tochter zu inspirieren bei dieser Feier, die ihm so sehr am Herzen lag."

Die Priorin ging zu ihrem Chorstuhl und nahm Platz, mitten unter den Schwestern der Klostergemeinschaft. Die Tochter von Meister Pérez öffnete mit zitternder Hand die Tür zur Empore, um sich auf die Orgelbank zu setzen, und die Messe begann.

Die Messe begann und nahm ihren Lauf, ohne daß

irgendetwas Besonderes geschah, bis zur Wandlung. In diesem Augenblick ertönte die Orgel, und zur gleichen Zeit wie die Orgel – ein Schrei der Tochter von Meister Pérez. Die Äbtissin, die Nonnen und einige von den Gläubigen rannten zur Empore hinauf.

„Seht ihn an! Seht ihn an!“ sagte das Mädchen, mit weit aufgerissenen Augen hinüberstarrend zu der Orgelbank, von der es entsetzt aufgesprungen war, um sich festzuklammern, mit zuckenden Händen, am Geländer der Empore.

Jedermann starrte auf jene Stelle. Die Orgel stand verlassen da, und dennoch: die Orgel tönte noch immer . . ., tönte in einer Weise, die nur die Erzengel nachahmen könnten . . . in den Verzückungen ihres mystischen Freudentaumels.

„Hab' ich's Euch nicht hundertmal und tausendmal gesagt, teure Señora Doña Baltasara, hab' ich's Euch nicht gesagt? Hier ist ein Spuk im Spiel. Nein, sowas! Wie! Ihr wart letzte Nacht nicht bei der Christmette? Aber Ihr werdet ja schließlich erfahren haben, was passiert ist. In ganz Sevilla spricht man von nichts anderem . . . Der Herr Erzbischof ist – und das mit gutem Grund – fuchsteufelswild . . . Auf die Anwesenheit in Santa Inés verzichtet zu haben, das Wunder verpaßt zu haben . . . und weswegen? . . . Um eine Katzenmusik zu hören. Denn Leute, die es mitangehört haben, sagen, daß das, was der begnadete Organist von San Bartolomé geboten habe, nichts anderes als Klamauk gewesen sei . . . Ich hab's ja gleich gesagt. Das kann nicht der schieläugige Kerl gespielt haben, nie und nimmer . . .; da ist ein Spuk im Spiel. Und was da spukte, das war, in der Tat, die Seele von Meister Pérez.“

Schon seit langem spüre ich die Verlockung, irgendwas mit diesem Titel zu schreiben. Heute, da sich mir eine Gelegenheit bot, habe ich ihn mit großen Buchstaben auf das erste Blatt Papier gesetzt, und dann habe ich die Feder fliegen lassen nach Lust und Laune.

Ich glaube, daß ich solche Augen, wie ich sie in dieser Legende schildere, gesehen habe. Ich weiß nicht, ob es in Träumen war; aber ich habe sie gesehen. Sicherlich werde ich sie nicht so beschreiben können, wie sie waren: leuchtend und durchsichtig wie die Regentropfen, die nach einem Sommergewitter über die Blätter der Bäume rinnen. Jedenfalls rechne ich mit der Phantasie meiner Leser bei diesem Versuch, mich in einer Skizze verständlich zu machen, sozusagen im ersten Entwurf für ein Gemälde, das ich eines Tages malen werde.

I Weidwund flüchtet der Hirsch…, weidwund, kein Zweifel. Man sieht die Schweißspur, die sich durchs Dorngestrüpp des Bergwalds zieht; und beim Sprung über einen der Mastixsträucher hier sind ihm die Läufe eingeknickt… Unser junger Herr fängt da an, wo andere aufhören… In vierzig Jahren Jägerleben hab' ich keinen besseren Treffer gesehen… Aber, bei San Saturio, dem Schutzpatron von Soria, schneidet ihm den Weg ab, dort, bei dem niederen Steineichengehölz, hetzt die Hunde, blast die Hörner, bis euch die Lunge aus dem Hals kommt, und rammt den Rössern eine Spanne Eisen in die Weichen!

Seht ihr nicht, daß er zur Pappelquelle will? Wenn er lebend über die hinwegkommt, ist er für uns verloren."

Die tiefen Bergtäler des Moncayo wiederholten von Echo zu Echo das Geschmetter der Jagdhörner, das Gebell der losgelassenen Meute; die Stimmen der Pagen erschallten mit frischem Ungestüm, und der wirre, wilde Haufe von Männern, Pferden und Hunden stürmte zu jener Stelle hin, die Iñigo, der Oberjägermeister der Markgrafen von Almenar, als den Punkt bezeichnet hatte, wo man dem flüchtenden Tier am besten in die Quere kommen konnte.

Aber alles war vergeblich. Als der flinkste der Windhunde zu dem Steineichenhag gelangte, keuchend, mit schaumtriefenden Lefzen, hatte der Hirsch bereits, pfeilgeschwind, mit einem einzigen Satz das Hindernis überwunden und verschwand gerade zwischen den Buschwällen eines Pfades, der zu der Quelle führte.

„Halt! Alle Mann halt!" schrie da Iñigo. „Es war Gottes Wille, daß er uns entwischt."

Und der ganze Reiterschwarm stockte, es verstummten die Hörner, und die Windhunde ließen, zurückgerufen durch die Jäger, knurrend ab von der verfolgten Fährte.

In diesem Augenblick stieß der Held des Tages, Fernando de Argensola, der Erstgeborene von Almenar, wieder zu seinem Jagdgefolge.

„Was machst du?" rief er seinem Jäger zu, Verwunderung in den Gesichtszügen, flammenden Zorn in den Augen. „Was machst du, Dummkopf? Du siehst, daß das Stück verwundet ist, das erste, das meine Hand zur Strecke bringt, und gibst die Verfolgung auf, läßt es entkommen, daß es irgendwo im Wald verendet. Meinst du, ich sei auf Hirschjagd gegangen, damit die Wölfe ein Festmahl feiern können?"

„Herr“, murmelte Iñigo zwischen den Zähnen, „es ist unmöglich, weiter als bis hierher zu gehen.“

„Unmöglich? Und warum?“

„Weil dieser Pfad“, fuhr der Jäger fort, „zur Pappelquelle führt: der Pappelquelle, in deren Gewässer ein Geist des Unheils haust. Wer es wagt, ihre Strömung zu trüben, muß seine Verwegenheit teuer bezahlen. Der Hirsch wird schon drüber hinweggesprungen sein. Wie wollt Ihr hinüberkommen, ohne irgendein schreckliches Verhängnis über Euer eigenes Haupt zu bringen? Wir Jäger sind Könige des Moncayo, Könige jedoch, die einen Tribut bezahlen. Wild, das bei dieser geheimnisvollen Quelle Zuflucht sucht: verlorenes Wild.“

„Verlorenes Wild? Lieber will ich das Herrengut meiner Väter verlieren, lieber meine Seele den Händen Satans ausliefern, als zulassen, daß dieser Hirsch mir entrinnt, der einzige, den mein Spieß getroffen, die Erstlingsbeute meiner Jagdzüge ... Siehst du ihn? ... Siehst du ihn? ... Noch kann man ihn ab und zu gewahren von hier aus: seine Läufe versagen den Dienst, seine Hitze läßt nach ... Laß mich ..., laß mich; laß diesen Zügel los, oder ich reite dich über den Haufen ... Wer weiß, ob ich ihm Zeit genug lasse, daß er bis zu der Quelle gelangt. Und wenn er hingelangt – dann zum Teufel mit ihr, mit ihrer Klarheit und ihren Bewohnern! Auf, Wetterstrahl! Auf, mein Pferd! Wenn du ihn einholst, lasse ich die Diamanten meiner Schmuckfibel auf deinen goldenen Kappzaum setzen.“

Roß und Reiter stoben davon wie ein Sturmwind. Iñigo blickte ihnen nach, bis sie im Dickicht verschwanden; dann schaute er sich um: alle verharrten reglos, erstarrt, bestürzt.

Schließlich stieß der Jäger die Worte aus:

„Señores, ihr habt es gesehen; ich habe mich der Gefahr ausgesetzt, unter den Hufen seines Pferdes zu sterben, um ihn davon abzuhalten. Ich habe meine Pflicht getan. Gegen den Teufel hilft keine Kühnheit. Bis hierher kommt der Jäger mit seiner Armbrust; jeden weiteren Schritt mag der Kaplan versuchen, mit seinem Weihwedel."

II Euer Gesicht ist blaß; bedrückt und verdüstert geht Ihr umher. Was ist Euch widerfahren? Seit dem Tag, den ich nach wie vor für einen Unheilstag halte, seit Ihr, hinter dem weidwunden Hirsch her, bis zu der Pappelquelle geritten seid, ist es, als söge eine Hexe mit ihren schwarzen Künsten Euch die Lebenskraft aus dem Leib. Ihr zieht nicht mehr, die kläffende Meute voraus, in die Berge hinauf, und Eure Hörner wecken keine Echos mehr im Wald. Verbohrt in die Grübeleien, von denen Ihr nicht mehr loskommt, greift Ihr jeden Morgen nach der Armbrust und verzieht Euch allein ins Dickicht, um dort zu bleiben, bis die Sonne sich verbirgt. Und wenn die Nacht hereinbricht, wenn Ihr bleich und erschöpft heimkommt zur Burg, sehe ich nie am Riemen über Eurer Schulter eine Beute baumeln. Was hält Euch so lange Stunden dort, fern von denen, die Euch am meisten lieben?"

Während Iñigo redete, schnitzelte Fernando, völlig in Gedanken versunken, mit dem Jagdmesser an seiner Bank aus Ebenholz herum, ließ mechanisch Spänchen um Spänchen fliegen.

Nach langem Stillschweigen, das nur unterbrochen wurde von dem Schrillen der Klinge, wenn diese ausglitt auf dem glatten, harten Holz, sagte der Jüngling zu seinem Diener, als hätte er nicht ein einziges seiner Worte gehört:

„Iñigo, du, der du alt bist, der du alle Schlupfwinkel des Moncayo kennst, dein Leben lang an seinen Hängen die wilden Tiere gejagt hast und auf weiten Pirschgängen mehr als einmal bis zu seinem Gipfel hinaufgestiegen bist – sag mir: ist dir vielleicht eine Frau begegnet, die dort zwischen den Felsen lebt?“

„Eine Frau!“ rief der Jäger bestürzt und starrte ihm ins Gesicht.

„Ja“, sagte der Jüngling; „es ist etwas Seltsames, das mir widerfährt, etwas höchst Seltsames... Ich glaubte, ich könnte dieses Geheimnis ewig für mich behalten, aber nun ist es mir nicht mehr möglich; es sprengt mir das Herz, drängt herauf, spricht mir aus dem Gesicht. Ich will dir's also verraten... Du wirst mir helfen, das Rätsel zu lösen, das dieses Wesen umgibt, ein Geschöpf, das anscheinend nur für mich existiert; denn niemand kennt es, keiner hat es je gesehen, und keiner weiß irgendwas von ihm zu berichten.“

Der Jäger rückte, ohne die Lippen zu öffnen, seinen Schemel näher heran, dicht vor die Bank seines Herrn, den er unverwandt mit erschreckten Augen anblickte... Dieser redete, nachdem er seine Gedanken geordnet hatte, weiter:

„Seit dem Tag, da ich, trotz deinen unheilverheißenden Worten, bis zur Pappelquelle vordrang, ihr Wasser durchquerte und den Hirsch einholte, den euer Aberglaube hätte entfliehen lassen, ist meine Seele voller Sehnsucht nach der Einsamkeit.

Du kennst jenen Ort nicht. Schau, die Quelle entspringt im Dunkel einer gehöhlten Felswand und fällt als Geriesel rinnender Tropfen zwischen den grünen, wehenden Blättern der Pflanzen herab, die den Brunnenspalt umwuchern. Diese Tropfen, die im Augenblick, da sie sich loslösen, aufblinken wie Goldkörnchen und klingen wie die Töne eines Instruments, sammeln sich zwischen den Grasbüscheln, und sirrend, sirrend, wie Bienen, die flirrend die Blüten umsummen, wuseln sie durch den Sand, bilden wimmelnd ein Bachbett und balgen sich mit den Hindernissen herum, die sich ihrem Lauf entgegenstemmen, kullern zurück und rappeln sich auf, springen, flüchten und rennen, manchmal lachend, manchmal seufzend, bis sie in einen Weiher fallen. In den Weiher aber fallen sie mit einem unbeschreiblichen Geräusch. Klagelaute, Worte, Namen, Lieder – ich weiß nicht, was alles ich in jenem Rauschen gehört habe, wie ich dasaß, einsam und fiebernd, auf dem Felsblock, zu dessen Füßen sich die Wasser der geheimnisvollen Quelle tummeln, um sich zu stauen in einem tiefen Gumpen, dessen reglose Oberfläche der Abendwind kaum merklich kräuselt.

Alles dort ist groß. Die Einsamkeit mit ihren tausend unbekannten Geräuschen west in jenem Bereich und berauscht den Geist mit ihrer unsäglichen Schwermut. In den silbrigen Blättern der Pappeln, in den Höhlungen der Felsen, in den Wellen der Wasser scheinen die unsichtbaren Geister der Natur zu uns zu sprechen, die im unsterblichen Geist des Menschen einen Bruder erkennen.

Wann immer du mich bei Tagesanbruch nach der Armbrust greifen und zum Bergwald streben sahst, tat ich dies nicht, um im dichten Gehölz umherzustreifen und einem Wild nachzustellen; nein, ich ging hin, um mich an den Rand der Quelle zu setzen, um in ihren Wellen etwas zu erspähen . . ., ich weiß nicht, was . . ., ein Wahnbild! An dem Tag, da ich mit meinem Wetterstrahl drüber hinweg galoppierte, meinte ich, auf ihrem Grund etwas Seltsames schimmern zu sehen . . .: die Augen einer Frau.

Vielleicht war es ein Sonnenstrahl, der das Strudeln durchzuckte, vielleicht eine jener Blumen, die da drunten zwischen den Algen treiben und deren Blütenkelche wie Smaragde aussehen . . .; ich weiß nicht; ich glaubte, einen Blick zu gewahren, der den meinen durchbohrte, einen Blick, der in meiner Brust ein wahnwitziges, unstillbares Verlangen entflammte: die Sehnsucht, eine Person zu finden mit Augen, wie die dort waren. Auf der Suche nach ihnen habe ich mich Tag für Tag an jenen Ort begeben.

Schließlich, eines Abends . . . ich glaubte, ein Traum hätte mich zu seinem Spielball gemacht . . .; aber nein, es stimmt: ich habe schon oft mit ihr geredet, so, wie ich jetzt mit dir rede . . .; eines Abends fand ich an meinem Platz, sitzend, in einem Gewand, das herabwallte bis zum Wasser und auf dessen Fläche dahintrieb, eine schöne Frau, schön über alle Maßen. Ihr Haar war wie das Gold; ihre Wimpern schimmerten wie lauter winzige Strahlen, und zwischen den Wimpern regten sich, ruhelos rollend, Pupillen, die ich schon gesehen hatte . . . ja, denn die Augen jener Frau waren die Augen, die mir nicht mehr aus dem Sinn gegangen waren, Augen von einer unmöglichen Farbe . . .“

„Grüne Augen!“ stieß Iñigo hervor, in einem Tonfall tiefen Entsetzens, und richtete sich jählings auf.

Fernando seinerseits schaute ihn staunend an, als hätte es ihn überrascht, daß der andere von sich aus zu Ende führte, was er ihm hatte sagen wollen; und er fragte ihn, halb ängstlich, halb erfreut:

„Du kennst sie?“

„Oh, nein!“ sagte der Jäger. „Da sei Gott vor, daß ich sie

kenne! Aber meine Eltern haben mir, als sie mir's verboten, jemals an jenen Ort zu gehen, tausendmal gesagt, daß der Geist oder Kobold, der Dämon, die Frau, die dort im Wasser haust, Augen von dieser Farbe hat. Ich beschwöre Euch, bei dem, was Ihr am meisten liebt auf Erden, nie wieder zu der Pappelquelle zu gehen. Eines Tages, früher oder später, wird Euch ihre Rache treffen, und sterbend werdet Ihr den Frevel büßen, daß Ihr die Wellen, die ihre Wohnung sind, zu schmutzigem Schlamm gemacht habt."

„Bei dem, was ich am meisten liebe!" murmelte der Jüngling mit einem traurigen Lächeln.

„Ja", fuhr der Alte fort, „bei Euren Eltern, bei Euren Angehörigen, bei den Tränen derer, die der Himmel Euch zur Gemahlin bestimmt, bei denen eines Dieners, der zugegen war, als Ihr zur Welt kamt!"

„Weißt du, was ich am meisten liebe auf der Welt? Weißt du, wofür ich die Liebe meines Vaters hergeben würde, die Küsse von ihr, die mir das Leben schenkte, und alle Zärtlichkeiten, die alle Frauen dieser Welt im Herzen horten? Für einen Blick, für einen einzigen Blick dieser Augen ... Denk doch, wie könnte ich davon ablassen, sie zu suchen!"

Fernando sagte das mit solcher Entschiedenheit, daß die Träne, die an den Lidern Iñigos zitterte, still über die Wange rann, während er in düsterem Tone rief:

„Der Wille des Himmels geschehe!"

III

Wer bist du? Was ist dein Heimatland? Wo wohnst du? Tag für Tag komme ich, dich zu suchen, und sehe weder das Roß, das dich hierher bringt, noch die Diener, die deine Sänfte tragen. Reiße ihn auf, mit einem Ruck, den Schleier des Geheimnisses, in den du dich hüllst, wie in tiefe Nacht! Ich liebe dich und werde, ob du von hoher oder niederer Herkunft bist, dein sein, dein für immer."

Die Sonne war hinterm Gipfel des Berges verschwunden; die Schatten kamen mit langen Schritten den Hang herab; die Brise stöhnte zwischen den Pappeln der Quelle, und der Nebel, der langsam aufstieg von der Wasserfläche des Weihers, begann die Felsen an seinem Ufer zu umwabern.

Auf einem dieser Felsen, einem, der aussah, als wollte er jeden Augenblick kippen und hinabkollern zum Grund des Gewässers, in dessen Spiegel sein Abbild zu sehen war, bebend, bemühte sich der Erstgeborene von Almenar, kniend zu Füßen seiner unheimlichen Geliebten, vergeblich darum, ihr das Geheimnis ihres Wesens zu entreißen.

Sie war schön, schön und blaß wie eine Statue aus Alabaster. Eine ihrer Locken fiel ihr über die Schulter und rieselte zwischen die Falten des Schleiers wie ein Sonnenstrahl, der durch die Wolken gleitet; und umringt von ihren blonden Wimpern, schimmerten ihre Augen wie zwei Smaragde, in Goldfiligran gefaßt.

Als der junge Bursche nichts mehr sagte, bewegten sich ihre Lippen, als wollten sie irgendwelche Worte aussprechen, hauchten aber nur einen Seufzer aus, einen Seufzer, so schwach, so schmerzlich wie der einer leichten Welle, die von der Brise ins Röhricht gedrängt wird, um dort zu sterben.

„Keine Antwort gibst du mir!" rief Fernando, als er so seine Hoffnung getäuscht sah. „Willst du denn, daß ich das glaube, was man mir gesagt hat von dir? Oh, nein! ... Sag mir etwas! Ich will wissen, ob du mich liebst; will wissen, ob ich dich lieben darf, ob du eine Frau bist . . ."

„Oder ein Dämon . . . Und wenn ich's wäre?"

Der Jüngling schwankte einen Augenblick; kalter Schweiß rann ihm über die Glieder; seine Pupillen weiteten sich, als er mit noch heftigerer Dringlichkeit in die Augen jener Frau starrte; und gebannt von deren fahl glimmerndem Glanz, fast von Sinnen, schrie er in wild aufwallender Liebe:

„Wenn du es wärst . . ., ich würde dich lieben . . ., würde dich lieben, wie ich dich jetzt liebe, wie es mein Schicksal will, daß ich dich liebe, bis über dieses Leben hinaus, falls es jenseits davon noch irgendetwas gibt."

„Fernando", sprach da die Schöne, mit einer Stimme, die klang wie Musik, „ich liebe dich noch mehr, als du mich liebst; ich, die ich mich herablasse zu einem Sterblichen, obwohl ich ein reiner Geist bin. Ich bin keine Frau, wie es sie auf der Erde gibt; ich bin eine Frau, wie sie dir gebührt, dir, der du die übrigen Menschen, all die anderen Männer überragst. Ich lebe auf dem Grund dieser Wasser, körperlos wie sie, flüchtig und durchsichtig: ich spreche mit ihrem Rauschen und woge mit ihrem Wallen. Ich bestrafe nicht den, der es wagt, die Quelle zu trüben, worin ich wohne; vielmehr belohne ich ihn mit meiner Liebe, als einen Sterblichen, der den Aberglauben des Pöbels überwunden hat, als einen Liebhaber, der fähig ist, meine seltsame, geheimnisvolle Zärtlichkeit zu begreifen."

Während sie so sprach, näherte sich der Jüngling, hingegeben dem Anblick ihrer phantastischen Schönheit, hingezogen wie von einer unbekannten Kraft, mehr und mehr der Kante des Felsblocks. Die Frau mit den grünen Augen redete weiter:

„Siehst du, siehst du die klare Tiefe dieses Weihers? Siehst du diese Gewächse mit langen Blättern, die sich regen auf seinem Grunde? ... Sie werden uns ein Lager gewähren, grün wie Smaragd, rot wie Korallen ..., und ich ..., ich schenke dir eine namenlose Seligkeit, diese Seligkeit, die du erträumt hast in deinen Stunden wonniglich fiebernden Wahns und die niemand dir bieten kann ... Komm, der Nebel des Weihers schwebt über unseren Stirnen wie ein Betthimmel aus Linnen ...; die Wellen locken uns mit ihren unverständlichen Stimmen; der Wind beginnt zwischen den Pappeln seine Liebeshymnen; komm ..., komm ..."

Die Nacht breitete allgemach ihre Schatten aus; der Mond glitzerte auf der Weiherfläche; der Nebel wirbelte auf beim Wehen der Luft, und die grünen Augen schimmerten in der Dunkelheit wie Irrlichter, die über verseuchtem Sumpfland geistern ... „Komm, komm ..." Dieses wiederholte Wort summte in den Ohren Fernandos wie eine Beschwörungsformel. „Komm ...", und die geheimnisvolle Frau lockte ihn an den Rand des Abgrunds, wo sie schwebte, und schien ihm einen Kuß geben zu wollen ..., einen Kuß ...

Fernando machte einen Schritt auf sie zu ..., noch einen ..., und spürte schlanke, biegsame Arme, die seinen Hals umschlangen, und ein Kältegefühl auf seinen glühenden Lippen, einen Schneekuß ..., und er wankte ..., verlor den Boden unter den Füßen und stürzte ins Wasser mit einem dumpfen, unheimlichen Geräusch.

Die Wasser spritzten als sprühende, funkelnde Tropfen auf und schlossen sich über seinem Leib, und die silbrigen Ringe dehnten sich, dehnten sich aus, bis sie an den Ufern vergingen.

GLAUBT AN GOTT!
(Provenzalisches Poem)

Ich war der wahre Teobaldo
de Montagut, Freiherr von Fortcastell.
Adeliger oder gemeiner Mann,
Herr oder Höriger, du,
wer immer du sein magst, der du
einen Augenblick verweilst an meinem
Grab, glaube an Gott, wie ich
geglaubt habe, rufe Ihn an
und bitte für mich.

I Edle Abenteurer, die ihr, den Lanzenschaft aufgestützt am Sattelgurt, herabgeklappt das Visier, auf kraftvollem Streitroß durch die Lande zieht, ohne Habe, allein mit dem Erbteil eures makellosen Namens und eures Beidhänders, Ruhm und Ehre suchend im Waffenhandwerk – wenn euch beim Ritt durchs zerklüftete Tal von Montagut das Unwetter überrascht hat und die Nacht; wenn ihr Zuflucht gefunden habt im Gemäuer des Klosters, das noch immer da unten zu sehen ist, so hört mich an!

II Hirten, die ihr mit gemächlichem Schritt hinter euren Schafen hergeht, hinter den weidenden Herden, die weitverstreut die Hügel und die Ebene überfluten – wenn ihr eure Tiere zu dem hellklaren Flüßlein geleitet habt, das in raschem Lauf, mit wilden, kecken Sprüngen zwischen den Felsen des Tales von Montagut hindurchstürmt; wenn ihr im sengenden Sommer, bei lodernder Mittagshitze, den Schatten gefunden habt und die Ruhe unter den halb verfallenen Klosterarkaden, deren bemooste Grundpfeiler die Wellen küssen, so hört mich an!

III Mädchen aus den umliegenden Dörfern, Lilien des freien Feldes, die ihr glücklich aufsprießt, beschirmt von der eigenen Demut – wenn ihr am Festtag des Schutzpatrons dieser Gegend frühmorgens ins Tal von Montagut herabkommt, um Klee und Margeriten zu pflücken, mit denen ihr das Altarbild des Heiligen schmücken wollt; wenn ihr, die Furcht überwindend, die das düstere, aus Felsgestein aufragende Kloster einflößt, euch hineinwagt in seinen stummen, verödeten Kreuzgang, um ein Weilchen umherzuschlendern zwischen den verlassenen Gräbern, an deren Rändern die üppigsten Margeriten wachsen, die Hyazinthen von blauestem Blau, so hört mich an!

IV Du, edler Ritter, umzuckt vielleicht vom Licht eines Blitzes; du, heimatlos schweifender Hirte, ausgedörrt von den Strahlen der Sonne; und du, schönes Mädchen, noch von Tautropfen beperlt, die wie Tränen glitzern – ihr alle habt wohl an diesem heiligen Ort ein Grab gesehen, ein schlichtes Grabmal. Einst bestand es aus einem rohen Stein und einem Kreuz aus Holz; das Kreuz ist verschwunden, und nur der Stein ist geblieben. Unter diesem Grabmal, dessen Inschrift der Leitspruch meines Gesanges ist, ruht in Frieden der letzte Freiherr von Fortcastell, Teobaldo de Montagut, dessen wundersame Geschichte ich euch berichten will.

I Als die edle Gräfin von Montagut schwanger ging mit ihrem ersten Kind, Teobaldo, hatte sie einen rätselhaften, grauenvollen Traum. Vielleicht ein Wink Gottes; möglicherweise nichts weiter als eine Einbildung, welche mit der Zeit dann Wirklichkeit wurde. Sie träumte, daß aus ihrem Schoß eine Schlange hervorkäme, eine ungeheure Schlange, die mit gellem Gezische ihr entfloh, sich durchs schüttere Gras wand, dann sich zusammenringelte, um aufzuschnellen, und schließlich in einem Dornendickicht verschwand.

„Da ist sie! Da ist sie!" schrie die Gräfin in ihrem schrecklichen Albtraum und zeigte ihren Dienern den Brombeerbusch, in dem sich das widerliche Reptil versteckt hatte.

Als die Diener Hals über Kopf zu der Stelle hasteten, wohin die edle Dame, schreckensstarr, gelähmt vor Entsetzen, noch immer mit dem Finger wies, flatterte eine Taube aus dem Felsgestrüpp und schwang sich auf zu den Wolken.

Die Schlange blieb unauffindbar.

II Teobaldo kam zur Welt. Seine Mutter starb in derselben Stunde, da sie ihn gebar; sein Vater wurde ein paar Jahre später, tapfer kämpfend gegen die Feinde Gottes, das Opfer eines Überfalls aus dem Hinterhalt.

Von da an glich die Jugend Teobaldos nur noch einem rasenden Wirbelsturm. Wo immer er sich umhertrieb, hinterließ er eine unübersehbare Spur von Blut und Tränen. Er henkte seine Hörigen, schlug sich mit seinen Standesgenossen, verfolgte die Jungfrauen, verprügelte die Mönche, verschonte keinen Heiligen mit seinen Lästerungen und Flüchen, schmähte und verwünschte alles, was geweiht und erhaben war.

III Eines Tages, als er auf die Jagd ging und, wie bei ihm üblich, sein ganzes verruchtes Gefolge von liederlichen Knappen, herzlosen Bogenschützen und verkommenen Leibeigenen samt Hunden, Pferden und Gerfalken in einer Dorfkirche seines Herrschaftsbereichs unterstehen hieß, bis der Regenschauer vorüber wäre, trat ihm ein ehrwürdiger Priester entgegen, bot kühn dem Junkerzorn die Stirn und forderte, ohne Furcht vor den gewalttätigen Ausbrüchen seines zügellosen Charakters, ihn beschwörend im Namen des Himmels, eine geweihte Hostie in den Händen haltend, er möge diesen Ort verlassen und zu Fuß, mit einem Pilgerstab, sich auf den Weg machen, um beim Papst die Vergebung seiner Sünden zu erflehen.

„Laß mich zufrieden, närrischer Alter!" schrie Teobaldo, als er dies hörte. „Laß mich zufrieden, oder ich werde, da ich nun schon mal den ganzen Tag kein einziges Stück Wild aufgestöbert habe, meine Hunde loslassen und dich hetzen wie ein Wildschwein, mir zum Ergötzen!"

IV Teobaldo war ein Mann, der tat, was er sagte. Der Priester gab ihm jedoch bloß zur Antwort:

„Tu, was du willst; aber bedenke, daß es einen Gott gibt, der straft und verzeiht, und daß Er, falls ich sterbe durch deine Hand, meine Sünden tilgen wird im Buch seines Zorns, um deinen Namen hineinzuschreiben und dich büßen zu lassen für dein Verbrechen."

„Ein Gott, der straft und verzeiht!" lachte der lästerwütige Freiherr lauthals. „Ich glaube nicht an Gott, und um dir's zu beweisen, will ich wahrmachen, was ich dir versprochen habe; denn obwohl ich nicht grad ein Betbruder bin, lege ich großen Wert darauf, stets Wort zu halten. Raimundo! Gerardo! Pedro! Entkoppelt die Meute, gebt mir meine Saufeder, blast mit euren Hörnern das Halali! Denn wir wollen eine Hatz veranstalten und diesen Schwachkopf zur Strecke bringen, selbst wenn er auf einen der Altäre klettert und sich an seine Helgen klammert!"

V

Schon begannen die Knappen, nach einem Moment des Zauderns und einem neuerlichen Befehl ihres Herrn, die Hetzhunde loszuketten, deren Gebell die Kirche mit ohrenbetäubendem Lärm erfüllte; schon hatte der Freiherr, eine satanische Lache aus der Kinnlade lassend, die Armbrust gespannt, und der ehrwürdige Priester richtete, ein Bittgebet flüsternd, seine Augen himmelwärts und erwartete ruhig den Tod, als von draußen ein wüster Stimmentumult in den geweihten Raum hereinbrach, Gedröhn von Hörnern, die das Signal zur Treibjagd gaben, und einzelne Rufe: „Ein Keiler! Ihm nach!" – „Dort, durchs Gestrüpp!" – „Hinauf in den Bergwald!" Teobaldo stürzte bei der Meldung des heißbegehrten Wildes zur Tür des Gotteshauses, blindlings hingerissen vom Freudentaumel; ihm hinterdrein, stürmten seine Knechte ins Freie, und mit den Knechten die Pferde und die Hunde.

VI

Wo ist der Keiler?" fragte der Freiherr und sprang auf sein Roß, ohne den Steigbügel zu beachten, ohne die Armbrust zu entspannen.

„In der Klinge dort, zwischen diesen Hügeln!" lautete die Antwort.

Ohne das letzte Wort des Satzes abzuwarten, hieb der hitzige Jäger seinen goldenen Sporn in die Weiche des Pferdes, das davonschoß. Hinterdrein stoben alle anderen.

Die Dorfbewohner, die als erste Alarm geschlagen hatten und vor dem heranpreschenden, furchterregenden Waldtier in ihre Hütten geflüchtet waren, reckten nun ängstlich die Hälse aus den Fensterhöhlen, und als sie den höllischen Schwarm im dichten Laubwerk verschwinden sahen, bekreuzigten sie sich wortlos.

VII Allen voraus ritt Teobaldo. Sein Roß, das flinker war oder härter angestachelt wurde als die Pferde seiner Knechte, folgte dem Wildschwein so dicht, daß er zwei- oder dreimal schon den Zügel hatte fallen lassen, auf den Hals des feurigen Hengstes, und sich, in den Bügeln stehend, hoch aufgerichtet und die Armbrust an die Schulter gerissen hatte, um das Beutetier zu erlegen. Aber der Keiler, der sich nur ab und zu im verwucherten Unterholz sehen ließ, entschwand ein ums andere Mal dem Blick, um sich erst wieder zu zeigen, wenn er außer Schußweite war.

So hetzte Teobaldo Stunde um Stunde dahin, durchraste die Querschluchten des Tales und das steinige Flußbett, drang in einen riesigen Wald ein und verrannte sich in dessen dämmriger Wirrnis, die Augen immer an die begehrte Beute geheftet, immer im Glauben, sie erjagen zu können, immer aufs neue gefoppt von deren wunderbarer Gewandtheit.

VIII Endlich bot sich ihm eine gute Gelegenheit; er hob die Waffe, der Pfeil schwirrte und bohrte sich zitternd in den Rücken des schrecklichen Tieres, das einen Sprung machte und ein gräßliches Wutschnauben von sich gab.

„Der ist geliefert!" schreit jubelnd der Jäger und rammt zum hundertsten Mal den Sporn in die blutende Weiche seines Pferdes. „Geliefert ist er! Vergebens flüchtet er. Die Schweißspur, das Blut, das er unablässig verliert, verrät seinen Weg." Dann setzte der Jäger das Tritonshorn an den Mund und blies das Triumphsignal, um seinen Leuten die frohe Kunde zu geben.

In diesem Augenblick stockte das Pferd, seine Beine knickten, ein leichtes Zittern durchlief seine gespannten Muskeln, und es plumpste zu Boden, während aus seinen geblähten, schaumbedeckten Nüstern ein Blutschwall quoll.

An Erschöpfung war es verendet, kläglich verendet im selben Moment, da die Geschwindigkeit des angeschossenen Keilers schon nachließ und es nur noch einer einzigen, kurzen Anstrengung bedurft hätte, um ihn einzuholen.

IX Das Toben des jähzornigen Teobaldo zu schildern, ist unmöglich. Seine Flüche und gotteslästerlichen Schimpftiraden wiederzugeben, wäre – auch als bloße Wiedergabe – ein unerträglicher, jedem Anstand hohnsprechender Verstoß. Er brüllte nach seinen Kechten, aber nur das Echo gab ihm Antwort in der unermeßlichen Einsamkeit, die ihn umgab. Er raufte sich das Haar und riß sich am Bart, willenlos ausgeliefert seiner eigenen, grauenhaften, verzweifelten Wut.

„Ich werde ihm nachgehen, und wenn ich selber dabei verrecke!“ schrie er schließlich, spannte aufs neue seine Armbrust und wollte eben die Fährte wieder aufnehmen, als er plötzlich ein Rascheln vernahm, das von hinten kam. Das dichte Gezweig tat sich einen Spaltbreit auf, und vor seinen Augen stand ein Knappe, der einen Rappen am Halfter hielt, ein Roß, schwarz wie die Nacht.

„Den Gaul da schickt mir der Himmel“, sagte der Jäger und warf sich auf den Rücken des Tieres, sprunggewandt wie ein Luchs.

Der Knappe, der schlank war, elend schlank, und gelb wie der Tod, lächelte seltsam, als er ihm den Zügel reichte.

X

Das Pferd wieherte so gewaltig, so wild, daß der Wald erschauerte; es bäumte sich und machte einen unglaublichen Sprung, mit dem es sich mehr als zehn Ellen hoch vom Boden abschnellte; und die Luft summte nun in den Ohren des Reiters, wie ein Stein summt, der aus der Schleuder saust. Er war losgaloppiert; aber in einem so rasenden Galopp, daß er, aus Angst, er könnte die Bügel verlieren und, vom Schwindel ins Taumeln gebracht, hinabstürzen, die Augen schließen und sich mit beiden Händen an der flatternden Mähne festklammern mußte.

Und ohne daß er an den Zügeln zog, ohne daß er es anstachelte mit dem Sporn oder anfeuerte durch Rufe, rannte das Roß, rannte ohne Unterlaß. Wie lange raste Teobaldo auf dem Tier dahin, ohne zu wissen, wohin, während die Zweige ihm ins Gesicht peitschten, die Dornranken seine Kleider zerrissen und der Wind ihm um die Ohren pfiff? Niemand weiß es.

XI Als er wieder Mut faßte und für einen Moment die Augen öffnete, um sich hastig umzuschauen, entdeckte er, daß er sich weit weg von Montagut befand, sehr weit weg, in einer Gegend, die ihm völlig fremd war. Das Roß raste, raste ohne Unterlaß, und Bäume, Felsen, Burgen und Dörfer fegten an ihm vorbei wie Dunstfetzen. Neue und immer neue Horizonte taten sich vor ihm auf; Horizonte, die hinschwanden, um anderen Platz zu machen, anderen und noch unbekannteren. Enge Täler, stachlig bestückt mit kolossalen Granitbrocken, welche die Stürme auf den Gebirgsgipfeln losgebrochen hatten; fröhliche Gefilde, bedeckt mit einem Teppich aus Grün und übersät mit weißen Gehöften; endlose Wüsten, wo der Sand, ausgeglüht von den Strahlen einer Flammensonne, brodelte und wallte; weite Einöden, unermeßliche Ebenen, Regionen ewigen Schnees, wo die riesigen Eisklötze, aufragend vor einem grauen, düsteren Himmel, wie weiße Gespenster wirkten, die ihre Arme ausstreckten, um ihn, den Vorbeirasenden, bei den Haaren zu packen – all dies, und tausend und abertausend Dinge, die ich euch niemals zu sagen vermag, sah er bei seiner phantastischen Hetzjagd, bis er schließlich, umhüllt von finsterem Nebel, den Hufschlag seines Pferdes nicht mehr hörte, das Klappern des Eisens, wenn es den Erdboden berührte.

I Edle Ritter, redliche Hirten, schöne Mädchen, die ihr meiner Geschichte lauscht – wenn es euch verwundert, was ich da erzähle, so glaubt nicht, daß es ein Märchen sei, von mir erdacht und zurechtgemacht, um eure Gutgläubigkeit zu verblüffen. Von Mund zu Mund ist diese Überlieferung bis zu mir gelangt, und die Lettern der Grabschrift, die noch heute im Kloster Montagut zu lesen ist, beweisen unwiderleglich die Wahrhaftigkeit meiner Worte.

Glaubt also, was ich gesagt habe, und glaubt, was mir noch zu sagen bleibt; denn es ist so gewißlich wahr wie das vorige, wenngleich noch wunderbarer. Mag sein, daß ich das nackte Gerippe dieser schlichten und schrecklichen Geschichte mit diesem oder jenem poetischen Zierat umkleide; aber niemals werde ich wissentlich auch nur einen Deut von der Wahrheit abweichen.

II

Als Teobaldo das Trappeln seines Rosses nicht mehr vernahm und sich ins Leere hinausgeschleudert fühlte, konnte er sich, von Grausen erfaßt, eines Schauders nicht erwehren, der ihn kalt durchrieselte. Bis dahin hatte er geglaubt, daß die Erscheinungen, die seinen Augen begegneten, Ausgeburten seiner Einbildung seien, seiner von Schwindelgefühlen verwirrten Phantasie; daß sein Roß zwar mit ihm durchging, in rasendem Tempo, aber doch nicht hinausraste aus seinem Herrschaftsbereich. Jetzt aber gab es für ihn keinen Zweifel mehr: er war das Spielzeug einer übernatürlichen Macht, die ihn mit sich fortriß, ohne daß er wußte, wohin, mitten durch diese finsteren Nebelballen von vielfältig bizarrer, aberwitziger Gestalt, in deren Innerem, das zuweilen vom Licht eines Blitzes erhellt wurde, er die aufzuckenden Funken zu gewahren meinte, die sogleich loskrachen und herniedersausen würden.

Das Roß rannte, oder besser gesagt, es schwamm in

jenem Ozean düsterer und hitzegeladener Dünste, und die Wunder des Himmels begannen sich zu entfalten, eines nach dem anderen, vor den erschreckten Augen seines Reiters.

III Auf den Wolken reitend, eingehüllt in lang wallende Tuniken mit feurigen Säumen, das flammende Haupthaar im Sturmwind flatternd, ihre Schwerter schwingend, die blitzten und blaurot schimmernde Funken versprühten, stoben die Engel, Abgesandte des göttlichen Zorns, vor seinen Augen vorbei: ein gewaltiges Heer, einherbrausend auf den Flügeln des Orkans.

Und noch höher kam er, und ihm war nun, als bildeten die Wolken des Unwetters, aus der Ferne gesehen, ein Lavameer, und er hörte den Donner brüllen unter seinen Füßen, wie der Ozean brüllt, wenn er, aufbrandend in Wut, sich gegen die Klippe wirft, von deren Kuppe der Wanderer fassungslos hinunterstarrt.

IV Und er sah den Erzengel, weiß wie der Schnee, sitzend auf einer riesigen Kristallkugel, die er durch die Weiten wolkenloser Nächte lenkt, als wäre es ein silberner Nachen auf der Wasserfläche eines blauen Sees.

Und er sah die Sonne, wie sie flammend um ihre goldene Achse wirbelt in einer Sphäre voller Farben und Feuer, und in ihrem Glutkern die Flammengeister, die unversehrbar mitten im Geloder wohnen und aus dem Hitzeschoß Hymnen der Freude dem Schöpfer singen.

Er sah die unsichtbaren Fäden aus Licht, welche die Menschen mit den Sternen verbinden, und sah den Regenbogen, weitgespannt, als eine gewaltige Brücke über dem Abgrund, der den ersten Himmel vom zweiten trennt.

V Auf einer geheimnisvollen Leiter sah er die Seelen zur Erde niedersteigen; sah viele nach unten gehen, wenige nach oben. Jeder einzelne jener unschuldigen Seelen wurde von einem strahlenden Erzengel begleitet, der sie beschirmte mit dem Schatten seiner Flügel. Die alleine wiederkehrten, kamen still und mit Tränen in den Augen; die andern aber kamen singend herauf, wie die Lerchen singend aufsteigen, morgens, im April.

Dann zerrissen die rosigen und blauen Schwaden, die wie Schleiervorhänge aus lichtdurchlässigem Tüll im Weltraum schwebten – zerrissen, wie am Osterfest in unseren Kirchen der schwarze Flor vor den Altären zerreißt, und das Paradies der Gerechten bot sich seinen Blicken dar in blendender Herrlichkeit.

VI Da waren die heiligen Propheten, die ihr wohl an den Portalen unserer Kathedralen gesehen habt, als plump aus dem Stein gemeißelte Figuren; da waren die leuchtenden, lichtertragenden Jungfrauen, die der Maler vergeblich nach seinen Traumgesichten abzubilden sucht auf den farbigen Scheiben der Spitzbogenfenster; da waren die Cherubim, in flutenden Gewändern, einen goldenen Nimbus um das Haupt, wie sie auf den Tafeln der Altäre erscheinen; und da war schließlich, mit Sternen bekränzt, in Licht gewandet, umringt von all den himmlischen Hierarchien und schön über alle Maßen, Unsere

Liebe Frau vom Montserrat, die Mutter Gottes, die Königin der Erzengel, die Zuflucht der Sünder und der Trost der Betrübten.

VII Und schon lag alles hinter ihm. Vorbei das Paradies der Gerechten, vorbei der Thron der Jungfrau Maria. Jähe Angst befiel Teobaldo, und ein abgründiges Grauen bemächtigte sich seiner Seele. Die ewige Einsamkeit, das ewige Schweigen wohnen in jenen Regionen, durch die man zum Heiligtum des Herrn gelangt. Ab und zu peitschte eine Bö seine Stirn, ein Lufthieb, kalt wie die Klinge eines Dolches, so daß sich ihm die Haare sträubten und der eisige Schreck bis ins Mark seiner Knochen drang, heftig wie das Windsbrausen, das einst den Propheten das Nahen des göttlichen Geistes ankündigte. Schließlich gelangte er in eine Zone, wo er ein dumpfes Geräusch zu vernehmen meinte, das man mit dem fernen Summen eines Bienenschwarms vergleichen könnte, jenem Summen in herbstlichen Nachmittagsstunden, wenn die Immen die letzten Blüten umschwirren.

VIII Er durchquerte den unheimlichen Bereich, wohin alle Laute der Erde gehen: die Töne, von denen wir sagen, daß sie verklingen; die Worte, von denen wir meinen, daß sie sich verlieren in der Luft; die Wehklagen, von denen wir glauben, daß niemand sie hört.

Hier, schwingend in harmonischem Kreis, schweben die Bittsprüche der Kinder, die Gebete der unberührten Mädchen, die Psalmen der frommen Einsiedler, die flehenden Rufe der Demütigen, die keuschen Worte derer, die reinen Herzens sind, das ergebene Stöhnen der Leidtragenden, das Ächzen derer, die Schmerzen erdulden, und die Hymnen der Hoffenden. Teobaldo hörte unter jenen Stimmen, die da noch bebend ertönten im strahlenden Äther, die Stimme seiner seligen Mutter, die Gottes Gnade erbat für ihn; doch seine eigene Stimme hörte er nicht.

IX Weitergerissen wurde er, und peinigend drang ihm schrilles Gelärm in die Ohren, der Krakeel von tausend und abertausend kreischenden, rohen Flüchen, Racheschreien, Saufliedern, Zoten, Verwünschungen aus Verzweiflung, Drohungen aus Ohnmacht und Schmähungen aus gottloser Verderbtheit.

Teobaldo durchquerte den zweiten Kreis so schnell, wie der Meteor an einem Sommerabend den Himmel durchrast – um nicht die eigene Stimme anhören zu müssen, die da dröhnend erschallte und alle anderen Stimmen dieses Höllenkonzerts gräßlich übertönte:

„Ich glaube nicht an Gott! Ich glaube nicht an Gott!" brüllte es da noch immer, mit dem Klang seiner Stimme, die sich tobend erhob aus diesem Ozean der Lästerungen; und Teobaldo begann zu glauben.

X Hinter ihm versanken diese Regionen, und er durchquerte andere, unermeßliche Weiten voll schrecklicher Gesichte, die er nicht begreifen konnte und die ich mir nicht vorzustellen vermag, und gelangte schließlich zum letzten Ring der Himmelsspirale, zum höchsten aller Himmel, wo die Seraphim den Herrn anbeten, ihr Antlitz bedeckend mit den dreifachen Flügeln und kniend zu seinen Füßen.

Er wollte ihn anschauen.

Ein Feuerodem versengte sein Gesicht, ein Meer von Licht verdunkelte seine Augen, ein gewaltiger Donner durchtoste sein Gehör, und vom Roß herabgerissen, hinausgeschleudert ins Leere wie der weißglühende Stein, den der Vulkan ausspeit, fühlte er sich fallen und fallen, ohne jemals aufzuprallen; blind, versengt und taub, wie der aufrührerische Engel fiel, als Gott ihn vom Sockel angemaßten Stolzes stürzte, durch einen Hauch seiner Lippen.

I

Es war schon finstere Nacht, und seufzend bewegte der Wind die Blätter in den Bäumen, durch deren dichtbelaubtes Gezweig ein sanfter Mondstrahl verstohlen herabglitt, als Teobaldo, auf den Ellbogen gestützt, langsam sich aufrichtete, seine Augen rieb, einen Blick rundum gehen ließ, und gewahrte, daß er sich in demselben Wald befand, wo er den Keiler angeschossen hatte, wo sein Roß tot zusammengebrochen war, wo man ihm das gespenstische Reittier gebracht hatte, auf dem er in unbekannte, unheimliche Regionen verschleppt worden war.

Todesstille herrschte ringsum; eine Stille, die nur ab und zu unterbrochen wurde vom fernen Röhren der Hirsche, vom scheuen Gewisper der Blätter und vom Nachhall von Glockengeläut weitab, herangetragen, hin und wieder, von Böen des Windes.

II Ganz in der Ferne, über den Felsen von Montagut, sah er die schwarze Silhouette seines Schlosses aufragen, vor dem bläulich schimmernden, tiefklaren Nachthimmel.

„Zu meiner Burg ist es noch weit, und ich bin müde“, murmelte er; „in der nächstbesten Ortschaft will ich rasten, bis es Tag wird.“ Und er stiefelte auf ein Dorf zu. Dort pochte er an eine Tür.

„Wer seid Ihr?“ fragte man ihn.

„Der Freiherr von Fortcastell“, antwortete er; und die Leute lachten ihm bloß ins Gesicht. Er klopfte an eine andere Tür.

„Wer seid Ihr? Und was wollt Ihr?“ fragte man ihn wiederum.

„Euer Herr“, sagte der Ritter mit Nachdruck, sehr verwundert, daß man ihn nicht erkannte; „Teobaldo de Montagut.“

„Teobaldo de Montagut!“ schnaubte wütend die Alte, die ihn gefragt hatte. „Teobaldo de Montagut, der Mann aus dem Märchen! ... Schnickschnack! ... Macht, daß Ihr weiterkommt, und wagt's nicht nochmal, ehrbare Leute aus dem Schlaf zu reißen, nur um ihnen einen Bären aufzubinden!“

III Tief bestürzt, verließ Teobaldo das Dorf und machte sich auf den Weg zur Burg, vor deren Tor er anlangte, als eben der Morgen graute. Zugeschüttet war der Graben, ausgefüllt von den Quadersteinen der zerstörten Zinnen; die Zugbrücke, völlig zwecklos nun, hing noch, vermodernd, an ihren Eisenketten, die der Rost vieler Jahre angefressen hatte; droben im Bergfried läutete langsam eine Glocke; vor dem gewölbten Haupteingang der Feste war auf einem Sockel aus Granit ein Kreuz errichtet; auf den Mauern erblickte man nicht einen einzigen Krieger; doch wirr und dumpf schien aus dem Inneren des Bauwerks, wie fernes Gemurmel, ein liturgischer Gesang aufzusteigen, ernst, feierlich und großartig.

„Das ist doch meine Burg, ohne allen Zweifel!“ sagte Teobaldo und blickte verstört von da nach dort, ohne zu begreifen, was mit ihm geschehen war. „Das ist doch mein Wappen, noch eingemeißelt überm Schlußstein des Torbogens! Dies ist das Tal von Montagut. Mir gehören diese Ländereien, das Lehnsgut Fortcastell.“

Im selben Augenblick drehten sich die schweren Torflügel in ihren Angeln, und auf der Schwelle erschien ein Ordensbruder.

IV

„Wer seid Ihr? Was treibt Ihr hier?“ fragte Teobaldo den Mann in der Mönchskutte.

„Ich bin“, antwortete ihm dieser, „ein geringer Diener Gottes, ein Bruder vom Kloster Montagut.“

„Aber“, fiel der Freiherr ihm ins Wort, „Montagut – ist das nicht ein Herrensitz?“

„Das war es mal“, erwiderte der Mönch, „vor langer Zeit. Den letzten Lehnsherrn hat – so erzählt man – der Teufel geholt; und da er keinen Erben hinterließ, der das Lehen hätte übernehmen können, übereignete die gräfliche Oberherrschaft diese Ländereien als Schenkung den Brüdern unseres Ordens, die hier ihre Bleibe haben seit ungefähr hundert oder hundertundzwanzig Jahren. Und Ihr? Wer seid Ihr?“

„Ich . . .“, stammelt der Freiherr von Fortcastell, nach einer langen Pause, „ich bin . . . ein elender Sünder, der seine Verfehlungen bereut, sie beichten möchte vor Eurem Abt und darum bittet, aufgenommen zu werden in eure Glaubensgemeinschaft.“

DER GNOM
(Legende aus Aragonien)

I

Die Mädchen aus dem Flecken kehrten von der Quelle zurück, ihre Krüge auf dem Kopf. Singend und lachend kehrten sie zurück, mit einem Gelärme, einem Spektakeln, das sich nur vergleichen läßt mit dem schrillen Lustgeschrei der Mauersegler, wenn sie in hageldichtem Schwarm die Wetterfahne eines Glockenturms umschwirren.

In der offenen Säulenhalle vor dem Kirchenportal hockte, beschattet von einem Wacholderbaum, Gevatter Gregorio. Gevatter Gregorio war das betagteste Alterchen im Flecken. Er zählte an die neunzig Lenze, hatte weißes Haar, einen lachlustigen Mund, vergnügte Augen und zittrige Hände. Als Kind war er Hirte gewesen, als junger Bursche Soldat. Später hatte er ein kleines Stück Land beackert, das als Erbe von den Eltern auf ihn gekommen war, bis ihm schließlich die Kräfte schwanden und er sich ruhig hinsetzte, um den Tod zu erwarten, den er weder fürchtete noch herbeiwünschte. Niemand konnte eine Schnurre so drollig erzählen wie er; kein Mensch sonst wußte solch tolle Geschichten; und er verstand es ganz unübertrefflich, bei passender Gelegenheit seine Anekdoten mit einem Sprichwort, einem Sinnspruch oder irgendeiner gewitzten Redensart zu würzen.

Als die Mädchen ihn erblickten, beschleunigten sie ihren Schritt, um ihn anzusprechen, und als sie in der Vorhalle waren, bettelten alle ihn an, er solle doch eine Geschichte erzählen, zum Zeitvertreib, bis es dunkel würde – wozu nicht mehr viel fehlte, denn die sinkende

Sonne beschien schräg das Land, und die Schatten der Berge überzogen lang und immer länger die Ebene.

Gevatter Gregorio hörte sich lächelnd das Gebettel der Mädchen an, welche alsbald, kaum daß sie das Versprechen erhalten hatten, er werde ihnen etwas zum besten geben, die Krüge auf dem Boden abstellten und sich rings um ihn niederließen, einen Kreis bildend, in dessen Mitte das Alterchen saß, das folgendermaßen anhob:

„Ich will euch keine Geschichte erzählen. Es fallen mir zwar jetzt gerade ein paar ein, aber in denen geht's um so ernste Dinge, daß ein närrisches Völkchen, wie ihr es seid, mir dabei nicht recht zuhören würde; auch hätte ich, da der Abend schon so weit vorgerückt ist, gar nicht die nötige Zeit, sie euch vorzutragen. Statt dessen will ich euch einen Ratschlag erteilen."

„Einen Ratschlag!" riefen die Mädchen, sichtlich enttäuscht und verstimmt. „Pah! Wir haben uns doch nicht hergehockt, um Ratschläge anzuhören. Wenn wir die brauchen, wird sie uns schon der Herr Pfarrer erteilen."

„Aber", fuhr der Greis fort, mit seiner brüchigen, zittrigen Stimme und seinem üblichen Lächeln, „vielleicht ist der Herr Pfarrer nicht in der Lage, sie euch zur rechten Zeit und Stunde zu erteilen, wie das der Gevatter Gregorio tun kann; denn der geistliche Herr ist so beschäftigt mit seinen Gebeten und Litaneien, daß er wohl kaum bemerkt hat, was mir nicht entgangen ist: nämlich daß ihr jeden Tag noch früher zum Wasserholen an die Quelle geht und noch später heimkehrt."

Die Mädchen blickten einander an, ein leicht spöttisches, kaum wahrnehmbares Lächeln im Gesicht. Einige jedoch, die hinter ihm standen, tippten sich an die Stirn und machten dazu eine vielsagende Miene.

„Und was findet Ihr Böses dran, wenn wir dort ein Weilchen bleiben und mit den Freundinnen oder Nachbarinnen schwatzen?“ fragte eines der Mädchen. „Tratscht man vielleicht im Flecken darüber, daß die Burschen sich am Weg postieren, um ihre kessen Sprüche anzubringen oder galant unsere Krüge zu tragen, bis zum Ortseingang?“

„Das auch“, antwortete der Alte dem jungen Ding, das stellvertretend für alle den Mund aufgemacht hatte. „Die älteren Frauen murren darüber, daß heutzutage die Mädchen schäkern, plauschen und scharmutzieren an einem Ort, den sie einst nur in atemloser Hast und mit schlotternden Knien aufgesucht haben, um dort Wasser zu holen, weil sonst nirgendwo Wasser zu haben ist; und ich selbst halte es für ungut, daß ihr allmählich jegliche Scheu verliert vor dem Ort, der allen Furcht einflößt. Es könnte passieren, daß euch dort einmal die Nacht überrascht.“

Gevatter Gregorio sagte den letzten Satz in so geheimnisvollem Ton, daß die Mädchen erschreckt die Augen aufrissen und ihn anstarrten. Hartnäckig wollten sie Bescheid wissen, sagten halb neugierig, halb uzend:

„Die Nacht! Nun – was passiert denn dort bei Nacht, daß Ihr so ein Brimborium macht und mit solch unheimlichen, dunklen Worten davon munkelt, was uns dort widerfahren könnte? Werden wir etwa von den Wölfen gefressen?“

„Wenn der Moncayo sich mit Schnee bedeckt, kommen die Wölfe, vertrieben aus ihren Schlupfwinkeln, in Rudeln die Hänge herab. Und mehr als einmal haben wir sie schon heulen hören in schauerlichem Chor, nicht nur um die Quelle herum, sondern sogar in den Gassen unseres Fleckens; aber die Wölfe sind nicht die schlimmsten Wesen, die der Moncayo beherbergt. In seinen tiefen Schluchten, auf seinen kargen, einsamen Höhen, in seinem hohlen Inneren hausen teuflische Geister, die während der Nacht als ein wüster Schwarm an den Gebirgsflanken herabkommen; und sie bevölkern die Einöde, wimmeln über die Ebene, springen von Fels zu Fels, tummeln sich im Wasser oder schaukeln auf den kahlen Ästen der Bäume. Sie sind es, die in den Felsspalten jaulen; sie ballen und bugsieren die ungeheuren Schneeklumpen, die von den höchsten Gipfeln zu Tal rollen und alles überrennen, alles niederwalzen, was ihnen im Weg ist; sie sind's, die in den Regennächten mit prasselnden Hagelkörnern an unsere Fenster klopfen und als flinke, blau flackernde Flämmchen über die Sümpfe hinhuschen. Unter diesen Geistern, die durch Bann- und Segensworte der Kirche aus dem Flachland verscheucht wurden und droben bei den unzugänglichen Gebirgskämmen Zuflucht gesucht haben, gibt es Kreaturen von unterschiedlicher Beschaffenheit, und wenn sie vor unseren Augen erscheinen, tun sie es in mannigfach wechselnder Vermummung. Die allergefährlichsten jedoch, die mit süßen Worten sich ins Herz junger Mädchen einschmeicheln und sie verblenden mit herrlichen Versprechungen, sind die Gnome. Die Gnome wohnen im Innern der Berge. Sie kennen deren unterirdische Gänge, und als ewige Wächter der in der Tiefe verborgenen Schätze wachen sie Tag und Nacht über die Erzadern und die Lagerstätten von Edelsteinen. Seht ihr" – fuhr der Alte fort, indes er mit dem Stock, der ihm als Stütze diente, zum Gipfel des Moncayo hinüberwies, welcher zu seiner Rechten emporragte und sich dunkel und gewaltig vom violett verfärbten, dunstigen Dämmerhimmel abhob –, „seht ihr dieses ungeheure Massiv dort, noch mit Schnee bekrönt? Tief drinnen also, in seinem Inneren, sind die Behausungen dieser teuflischen Geister. Der Palast, den sie bewohnen, ist grauenerregend und großartig zugleich.

Einmal, vor vielen Jahren, ist ein Hirte, der nach einem entlaufenen Schaf suchte, eingedrungen in den Schlund einer der Höhlen dort, deren Eingänge von dichtem Gestrüpp überwuchert sind und deren Ende noch kein Menschenauge gesehen hat. Als er in den Flecken zurückkehrte, war er bleich wie der Tod. Er hatte die Gnome bei ihrem geheimen Tun ertappt, hatte ihre giftige Moderluft geatmet und bezahlte seine Keckheit mit dem Leben; doch ehe er starb, hat er erstaunliche Dinge berichtet. Er war, wie er weiter und weiter in jene Grotte hineinwanderte, schließlich in riesige Stollenhallen geraten, die erhellt wurden von einem unheimlichen, phantastischen Schimmern und Glimmern, das von den phosphoreszierenden Felsen ausging, von Felsen, die da drinnen aussahen wie große Brocken Kristall, wie erstarrte Gebilde von tausendfältig seltsamer, bizarrer Gestalt. Der Boden, die Deckengewölbe und die Wände jener weiten, von der Natur geschaffenen Säle waren gemasert und gesprenkelt wie der prächtigste Marmor; doch die Äderung, die das Gestein durchzog, war aus Silber und Gold, und zwischen dem funkelnden Aderngeflecht waren, wie eingefaßte Juwelen, unzählige Edelsteine zu sehen, in allen Farben und Größen. Da gab es Hyazinthe und Smaragde in beliebiger Menge, und Diamanten, Rubine, Saphire und was weiß ich; vielerlei unbekannte Steine, deren Namen er nicht wußte, die aber so groß, so wunderschön waren, daß ihr Glanz seine Augen blendete. Kein Geräusch von draußen drang in die phantastische Höhle herein. Nur hin und wieder war ein langgezogenes, leidvolles Seufzen der Luft zu hören, die dieses zaubrische Labyrinth durchlief; das dumpfe Bullern unterirdischen Feuers, das eingezwängt waberte; und das Murmeln rinnenden Wassers, das irgendwo unsichtbar dahinströmte.

Allein und verloren in jener endlosen Wirrnis, tappte der Hirte Stunde um Stunde weiter – ich weiß nicht, wie lange –, ohne den Ausgang zu finden, bis er plötzlich, ganz zufällig, sich am Ursprung des Quellbachs fand, dessen Murmeln er gehört hatte. Das Wasser schoß da aus dem Boden empor wie ein wunderbarer Springbrunnen, aufstrebend als Strahl, von Gischt gekrönt, der fallend herniederwallte als herrliche Kaskade und mit prächtig hallendem Geplätscher durch klaffende Felsspalten davonglitt. Rings um die Quelle herum wuchsen Pflanzen, wie er sie noch nie gesehen hatte, Gewächse mit breiten, dicken Blättern, und andere, schlank und lang, wie Bänder, die im Winde flattern.

Halb verborgen, regten sich in diesem feuchten, üppig grünen Gewucher seltsame Wesen, teils menschlich, teils reptilisch, oder beides zugleich; denn sie verwandelten sich unablässig und glichen bald mißgestalteten, winzigen Menschlein, bald glitschig-glitzrigen Salamandern, bald flüchtigen Flämmchen, die um die Spitze der Fontäne Ringelreihen tanzten. Zuckend, zappelnd, hin und her flitzend, in sämtliche Himmelsrichtungen, auf dem Boden umherwimmelnd in Gestalt widerlicher, verwachsener Zwerge, an den Wänden hinaufkletternd, schleimspuckend und sich windend als Kriechgetier oder im Hupftakt irrlichternd über dem Wasser, trieben da die Gnome ihr Wesen, die Herren jenes Höhlenreiches, Liedchen trällernd, wühlend in ihren sagenhaften Reichtümern. Sie wissen, wo die Geizhälse jene Schätze aufbewahren, nach denen später die Erben vergeblich suchen; sie kennen die Stelle, wo die

Mauren, ehe sie flohen, ihre Kleinodien vergruben; und sie sind es, die das verlorene Schmuckstück, die abhanden gekommenen Münzen, alles, was einen Wert hat und verschwindet, suchen, ausfindig machen und stibitzen, um es in ihren Schlupflöchern zu verstecken; denn sie können auf unterirdischen Wegen von einem Ende der Erde zum anderen gehen, und durch Geheimgänge, die niemand kennt, kommen sie an jeden Ort. Haufenweise hatten sie also dort Raritäten und Kostbarkeiten jeglicher Art gehortet. Es gab da Geschmeide von unschätzbarem Wert, Perlenketten und Halsbänder aus erlesenen Steinen, Goldamphoren von uralter Form, gefüllt mit Rubinen, ziselierte Pokale, prächtige Waffen, Münzen mit unbekannten Bildnissen und mit Inschriften, die kein Mensch jemals entziffern kann, Schätze, kurz gesagt, von solch fabelhafter Vielfalt, in solch unermeßlicher Fülle, daß die Phantasie es sich schwerlich auszumalen vermag. Und alles miteinander glitzerte und gleißte, sprühte Funken in allen Farben, strahlte einen Glanz aus, der so lebhaft flimmernd widerblinkte, daß es aussah, als ob alles brennen würde, flakkernd und flirrend. Jedenfalls hat der Hirte gesagt, daß es ihm so vorgekommen sei."

An diesem Punkt seiner Erzählung angelangt, machte der Greis eine kurze Pause. Die Mädchen, die anfänglich mit einem spöttischen Lächeln den Worten von Gevatter Gregorio zugehört hatten, blieben mucksmäuschenstill sitzen und warteten auf den Fortgang der Geschichte, mit staunenden Augen, leicht geöffneten Lippen und allen Anzeichen von Neugier und Teilnahme im Gesicht. Eine von ihnen brach schließlich das Schweigen und rief, außerstande, sich noch länger zurückzuhalten, hingerissen von der Schilderung all der fabelhaften Reichtümer, die sich den Augen des Hirten dargeboten hatten:

„Na, sagt mal – hat er davon denn gar nichts mitgebracht?“

„Gar nichts“, antwortete Gevatter Gregorio.

„Schön dumm!“ riefen die Mädchen wie aus einem Mund.

„Der Himmel kam ihm zu Hilfe, gerade noch im rechten Augenblick“, fuhr der Alte fort, „denn im selben Moment, als die Habgier, die sich über alles hinwegsetzt, allmählich seine Angst überwältigte und der Hirte, völlig betört vom Anblick all der Juwelen – wovon ein einziges Stück genügt hätte, um ihn zum großmächtigen Mann zu machen –, schon ein paar an sich reißen wollte, da, sagte er, habe er – ja, staunt nur über das Wunder! – ganz klar und deutlich habe er da in dieser Tiefe drunten gehört, trotz dem Gelächter und Geschrei der Gnome, dem Wummern und Bullern des unterirdischen Feuers und dem Stöhnen der Luft, ganz deutlich, wie gesagt, als befände er sich unmittelbar am Fuß des Hügels, auf dem sie hängt, habe er da das Läuten der Glocke von der Kapelle Unserer Lieben Frau vom Moncayo gehört. Und als er die Glocke hörte, die zum abendlichen Avemaria läutete, fiel der Hirte auf die Knie und rief die Mutter unseres Herrn Jesus Christus an; und unversehens, ohne daß er wußte, wie und auf welchen Wegen er entkam, fand er sich außerhalb des Höhlenreichs, auf dem Pfad, der zum Dorf führt, jählings auf den Heimweg befördert, noch wie betäubt, als wäre er soeben aus einem Traum erwacht. Seit damals ist es für jedermann klar, weshalb das Wasser unserer Quelle manchmal eine Art feinsten Goldstaubs anspült und weshalb nach Einbruch der Dunkelheit in ihrem Geplätscher wirre

Stimmlaute zu vernehmen sind, trügerische Worte, mit denen die Gnome, die das Wasser schon an seinem Ursprung verseuchen, die unbedächtigen Lauscher verführen wollen, indem sie ihnen Reichtümer verheißen, Schätze, die ihnen zum Verhängnis werden sollen.«

Als Gevatter Gregorio soweit gekommen war mit seiner Geschichte, war es bereits Nacht geworden, und die Kirchenglocke begann das Angelusläuten. Die Mädchen bekreuzigten sich andächtig, murmelten leise ein Avemaria, und nachdem sie sich von Gevatter Gregorio verabschiedet hatten, der sie nochmal ermahnte, nicht mehr so lange säumig an der Quelle herumzustehen, griff ein jedes nach seinem Krug, und alle miteinander verließen still und nachdenklich die Vorhalle der Kirche. Erst später, ein gutes Stück Wegs entfernt von der Stelle, an der sie das Alterchen getroffen hatten, erst als sie schon auf den Marktplatz gelangt waren, wo sie sich trennen mußten, sagte die Keckste und Beherzteste von ihnen:

„Glaubt ihr irgendwas von dem unsinnigen Zeug, das Gevatter Gregorio uns erzählt hat?"

„Ich nicht!" sagte eine.

„Ich genausowenig!" rief eine andere.

„Ich auch nicht! Ich auch nicht!" echoten die anderen und verlachten die eigene Leichtgläubigkeit, der sie für einen Moment erlegen waren.

Die Schar junger Mädchen löste sich auf, und ein jedes strebte zu einem anderen Ende des Platzes. Nachdem alle hinter einer Straßenecke verschwunden waren, in den verschiedenen Gassen, die hier zusammentrafen, gingen zwei Mädchen, die beiden einzigen, die nicht den Mund aufgemacht hatten, um mit Gespött die Glaubhaftigkeit von Gevatter Gregorio anzuzweifeln, noch immer der wundersamen Geschichte nachsinnend, nebeneinander, als wären sie völlig geistesabwesend, mit den langsamen Schritten zerstreuter Menschen durch ein enges, düsteres, verwinkeltes Gäßchen.

Das ältere dieser beiden Mädchen, das etwa zwanzig sein mochte, hieß Marta, und das kleinere, das seinen sechzehnten Geburtstag noch nicht hinter sich hatte, Magdalena.

Solange sie unterwegs waren, sagten die beiden kein Wort; doch als sie vor ihrem Haus standen und die Krüge auf der Steinbank neben der Eingangstür abgestellt hatten, sagte Marta zu Magdalena:

„Und du glaubst also an die Wunder des Moncayo und an die Quellgeister?"

„Ich", antwortete Magdalena schlicht, „ich glaube alles. Zweifelst du etwa daran?"

„Oh, nein!" fiel Marta ihr hastig ins Wort. „Ich glaube auch alles. Glaube alles, was ich glauben möchte."

II

Marta und Magdalena waren Schwestern. Seit frühester Kindheit schon verwaist, lebten sie armselig unter der Obhut einer Verwandten ihrer Mutter, die aus Gnad und Barmherzigkeit sie aufgenommen hatte und mit Scheltworten, Schmähungen und Demütigungen auf Schritt und Tritt es den zweien zu spüren gab, wie schwer sie an der Last ihres Wohltätertums trug. Alles sprach dafür, daß die Herzen der beiden Schwestern eng verbunden sein müßten, nicht nur der Blutsbande wegen, sondern auch wegen der gemeinsam erduldeten Armut, wegen des gemeinsam erfahrenen Leids; und dennoch bestand zwischen Marta und Magdalena eine unausgesprochene

Rivalität, eine heimliche Abneigung, die sich nur aus genauer Kenntnis ihrer Charaktere erklären ließe, welche so völlig gegensätzlich waren wie das äußere Erscheinungsbild beider.

Marta war hochgewachsen, hatte ein heftiges Temperament und drückte ihre leidenschaftlichen Gefühle mit rauher Wildheit aus. Sie konnte weder lachen noch weinen, und deshalb hatte sie noch nie geweint oder gelacht. Magdalena dagegen war bescheiden, liebevoll, gutherzig, und mehr als einmal sah man sie weinen und lachen zugleich, wie es die Kinder tun.

Marta hatte schwarze Augen, schwärzer als die Nacht, und es war, als sprühten zwischen ihren dunklen Wimpern hin und wieder Feuerfunken hervor, wie ein glühendes Stück Kohle Funken versprüht.

Die blaue Iris von Magdalena schien in flüssigem Licht zu schwimmen, golden umringt von ihren blonden Wimpern. Und alles an ihr stimmte überein mit dem wechselnden Ausdruck ihrer Augen. Marta mit ihrem hageren Leib, ihrer blassen Haut, ihrem schlanken Wuchs, ihren schroffen Bewegungen und ihrem finsteren, krausen Haar, das die Stirn überschattete und über ihre Schultern fiel wie ein Mantel aus Samt, stellte ein krasses Gegenbild zu Magdalena dar, die weiß und rosig war, klein, kindlich, sowohl im Gesichtsausdruck als auch im Körperbau, und blonde Zöpfe trug, die ihre Schläfen umrahmten, wie die Aureole den Kopf eines Engels umgibt.

Trotz dem unerklärlichen Widerwillen, den sie gegeneinander empfanden, hatten die beiden Schwestern bis dahin in einer gewissen Gleichgültigkeit nebeneinander gelebt, die man mit Eintracht und herzlicher Verbundenheit hätte verwechseln können. Sie hatten sich nicht eifersüchtig um Zärtlichkeiten streiten oder wegen Bevorzugungen beneiden müssen; denn Unglück und Kummer wurden ihnen in gleichem Maß zuteil. Marta hatte sich verschlossen, um für sich zu leiden, in ichsüchtigem, hochmütigem Schweigen; und Magdalena weinte, da sie das Herz ihrer Schwester verhärtet fand, mutterseelenallein, wenn die Tränen ihr unwillkürlich in die Augen schossen.

Es gab keinerlei Gemeinsamkeit des Gefühls zwischen ihnen. Niemals vertrauten sie einander ihre Freuden oder Kümmernisse an, und dennoch: das einzige Geheimnis, das sie mit Absicht im tiefsten Herzensgrund voreinander verbergen wollten, hatten sie gegenseitig erraten, mit dem wunderbar geschärften Instinkt des verliebten und eifersüchtigen Weibes. Marta und Magdalena hatten tatsächlich ihre Augen auf ein und denselben Mann geworfen.

Die Leidenschaft der einen war wild entschlossenes Begehren, wie es einem unbändigen, eigenwilligen Charakter entspringt; bei der andern glich die Zuneigung jener unbestimmten, spontan aufwallenden Zärtlichkeit der ersten, erwachenden Reife, die aus dem Bedürfnis, einen Gegenstand zu haben, dem sie sich zuwenden kann, den Erstbesten liebt, der ihr vor die Augen kommt. Beide hielten ihre Liebe geheim, denn der Mann, der sie erweckt hatte, hätte sich vielleicht nur lustig gemacht über eine Zuneigung, die man als aberwitzige Verstiegenheit bettelarmer Dorfmädchen auslegen mochte. Doch trotz der Kluft, die sie vom Gegenstand ihrer Leidenschaft trennte, hegten sie eine vage Hoffnung, ihn eines Tages zu besitzen.

Nahe bei dem Flecken, auf einer Anhöhe, von der aus man das ganze Umland überblickte, stand eine alte Burg, in der niemand mehr wohnte. An langen Winterabenden, wenn man gesellig beisammensaß, pflegten die alten Weiber eine höchst wundersame Geschichte von den Gründern dieser Festung zu berichten. Sie erzählten, daß beim König von Aragonien, als er Krieg führte gegen seine Feinde und, bar aller Mittel, verlassen von seinen Anhängern, schon drauf und dran war, seinen Thron zu verlieren, eines Tages sich ein Hirtenmädchen meldete, das, nachdem es kundgetan, daß es unterirdische Gänge gebe, durch die er, unbemerkt von seinen Feinden, unterm Moncayo hindurchkommen könnte, ihm einen Schatz erlesener Perlen, kostbarster Edelsteine und Barren puren Silbers, lauteren Goldes übergab, mit dem er seine Söldner bezahlte und ein gewaltiges Heer aufstellte, worauf er eine ganze Nacht lang unter dem Gebirge hindurchmarschierte und am andern Morgen seine Gegner überfiel, sie in die Flucht schlug und so sich die Krone auf seinem Haupte sicherte.

Nach diesem bedeutsamen Sieg, so heißt es, sprach der König zu dem Hirtenmädchen: „Erbitte von mir, was du willst. Und wenn es die Hälfte meines Königreichs wäre – augenblicklich werde ich dir's schenken, das schwöre ich." – „Ich habe keinen Wunsch, außer dem einen, wieder meine Herde zu hüten", antwortete das Hirtenmädchen. „Nicht Schafe sollst du hüten, sondern die Grenzen meines Landes", entgegnete der König und beschenkte sie mit der Herrschaft über die ganze Mark und gebot ihr, eine Feste zu erbauen bei der Ortschaft, die ganz vorne, dicht bei Kastilien lag, wohin die Hirtin denn auch übersiedelte, als Gemahlin eines edlen, stattlichen und tapferen jungen Ritters, der dem Herzen des Königs besonders nahestand und selber Herr vieler Burgen und Lehnsgüter war.

Gevatter Gregorios erstaunliche Geschichte von den Gnomen im Moncayo, deren Geheimnis im Sprudeln der

Quelle vor dem Flecken zu erlauschen war, schürte aufs neue die närrischen Phantastereien der beiden verliebten Schwestern, indem sie sozusagen die Ergänzung bot zu der bruchstückhaft überlieferten Sage von dem Schatz, den das legendäre Hirtenmädchen gefunden hatte; denn dieses Schatzgemunkel hatte schon früher, in schlaflosen Nächten voller Bitterkeit, die beiden umgetrieben, und es ließ nun in ihrer Einbildung einen neuen Hoffnungsstrahl bläßlich aufzucken.

In der Nacht, die der abendlichen Begegnung mit Gevatter Gregorio folgte, plapperten alle Dorfmädchen daheim von der tollen Geschichte, die ihnen der Greis erzählt hatte. Marta und Magdalena aber hüllten sich in Stillschweigen, und weder in jener Nacht noch am nächsten Tag sprachen sie auch nur mit einem Wort über diese Angelegenheit, die das allbeherrschende und eifrig diskutierte Thema sämtlicher Gespräche ihrer Nachbarinnen war.

Zur gewohnten Stunde dann griff Magdalena nach ihrem Krug und fragte ihre Schwester:

„Gehen wir zur Quelle?“

Marta gab keine Antwort, und Magdalena fragte nochmal:

„Gehen wir zur Quelle? Bedenk doch, wenn wir uns jetzt nicht beeilen, geht die Sonne unter, ehe wir wieder im Dorf sind.“

Marta rief schließlich, barsch und knapp:

„Ich will heut nicht gehn.“

„Ich auch nicht“, sagte Magdalena, nachdem sie ein Weilchen geschwiegen und ihrer Schwester mit durchdringendem Blick in die Augen geschaut hatte, als wollte sie in ihnen den Grund ihres Entschlusses aufspüren.

III Die Mädchen des Fleckens waren schon seit fast einer Stunde wieder zu Hause. Der letzte Glutrest des Dämmerlichts war am Horizont erloschen, und die Nacht legte sich duster und immer dusterer über das Land, als Marta und Magdalena, einander meidend, auf getrennten Wegen den Ort verließen, in der Richtung zur geheimnisvollen Quelle. Verborgen zwischen moosbedeckten Felsblöcken, sprudelte die Quelle – dahinten, am Ende einer langen Pappelallee.

Nachdem die Geräusche des Tages erstorben waren, nach und nach, und nimmer zu hören war das ferne Echo der Stimmen von Bauern, die heimwärts zogen, reitend auf ihren Ochsengespannen, singend im Takt der Pflugdeichsel, die polternd auf der Erde nachschleift; nachdem verstummt war das monotone Scheppern der Schafschellen, verstummt die Rufe der Hirten und das Bellen der Hunde, welche die streunenden Tiere zusammentreiben, und auf dem Kirchturm des Fleckens, der letzte Glokkenschlag des Avemarialäutens erklang, herrschte die zwiefach tiefe, erhabene Stille der Nacht und der Einsamkeit, eine Stille, erfüllt von allerlei seltsamem, leise lispelndem Gemurmel, das sie um so unheimlicher spürbar macht.

Marta und Magdalena hasteten lautlos durch das Baumlabyrinth, und im Schutz der Dunkelheit gelangten sie, ohne daß eine die andere sah, ans Ende der Allee. Marta kannte keine Furcht, ihre Schritte waren fest und sicher. Magdalena erzitterte schon bei dem Geraschel, welches ihre eigenen Füße im dürren Laub hervorriefen, das den Boden bedeckte.

Als die beiden Schwestern bei der Quelle standen,

begann der Wind die Wipfel der Pappeln zu bewegen, und dem Wispern seines wechselhaften Wehens schien das Wasser des Felsenborns zu antworten mit gemessenem, immer gleichem Rauschen.

Marta und Magdalena horchten gespannt auf jene Geräusche, die dahinströmten zu ihren Füßen wie ein unablässiges Raunen und über ihren Köpfen dahinwogten wie ein Wehklagen, das herandrang und verschwand, um aufs neue anzuwachsen, sich auszuweiten und erlöschend sich zu verlieren im Laubwerk. Im Laufe der Stunden erregte dieses ewige Tönen der Luft und des Wassers einen seltsamen Überschwang, eine Art Schwindel, welcher den Blick verwirrte, summend in den Ohren sauste und ihre Sinne völlig zu umnebeln schien.

Und da, wie man in Träumen manchmal ein fernher hallendes, verworrenes Reden hört, meinten sie in dem wortlos raunenden Gerausche noch ungeformte Laute zu vernehmen, Laute, ähnlich dem Lallen eines Kindes, das nach der Mutter verlangt, sie locken will und doch ihren Namen nicht über die Lippen bringt; dann Worte, die sich wiederholten, ein ums andere Mal, immer wieder dieselben; später zusammenhanglose, durcheinandergeworfene Sätze, ohne Sinn und Verstand, und schließlich . . ., schließlich begannen sie zu reden: der Wind, der schweifend sich von Wipfel zu Wipfel schwang, und das Wasser, das von Felsblock zu Felsblock sprang.

Und sie redeten also:

Das Wasser: Weib! . . . Weib! . . . Höre mich . . ., hör mich und komm her, mich anzuhören, denn ich will dir die Füße küssen, während ich zitternd widerspiegle dein Bild auf dem dunklen Grund meiner Wellen!

Weib! ... Hör mich an, denn Worte sind's, was meine Wellen murmeln. ....

D e r W i n d : Mädchen! ... Liebliches Mädchen, hebe den Kopf und laß ohne Widerstreit dir die Stirne küssen, solang ich flattern lasse deine Locken. Liebliches Mädchen, lausche mir, denn auch ich kann reden und will liebkosende Worte dir in die Ohren flüstern. ....

M a r t a : Oh, rede, rede! Ich werde dich verstehn, denn mein Bewußtsein schwebt in einem Schwindelrausch dahin, wie deine verschwimmenden Worte schweben! Rede, geheimnisraunendes Rinnen! ....

M a g d a l e n a : Angst hab ich. Nachtluft du, Luft voller Düfte, kühle meine glühende Stirn! Sag mir etwas, das Mut macht, denn es wankt mein Geist. ....

D a s W a s s e r : Den dunklen Schoß der Erde hab ich durchdrungen, hab das Geheimnis erspürt ihrer wundermächtigen Fruchtbarkeit und kenne all ihr inneres Wesen, wo die Keime künftigen Wachstums, neuer Bildungen sprossen. Mein Rauschen lullt in Schlaf und lockt zum Erwachen. Erwache, du, die du mein Rauschen verstehst! ....

D e r W i n d : Ich bin die Luft, bewegt vom Flügelschlag der Engel, die mit unermeßlichen Schwingen durch die Weiten des Himmels fliegen. Ich staple im Westen die Wolken auf, die sich der Sonne als purpurnes Bett darbieten, und bringe im Morgengrauen, mit Streifen flaumigen Dunstes, die in Tropfen zerstieben, einen Perlenregen, der die Blüten erquickt. Meine Seufzer sind Balsam. Öffne dein Herz, und ich will's füllen, daß es überquillt von Glückseligkeit. ....

M a r t a : Nicht vergebens hab ich, als ich zum ersten Mal das Raunen eines unterirdischen Rinnsals hörte, mich zur Erde geneigt und ihm mein Ohr geliehen. Ein Geheimnis rieselte mit ihm einher, das ich endlich begreifen sollte.
....

M a g d a l e n a : Seufzer des Windes, ich kenne euch. Ihr wart es, ihr habt mich Schlafende liebkost, wenn ich, ein Kind noch, müdegeweint, mich im Schlummer versinken ließ, und euer Säuseln erschien mir wie das Summen einer Mutter, die ihr Kindlein einlullt.

Das Wasser verstummte für ein Weilchen, und es klang nur so, wie Wasser klingt, das rudelt und strudelt zwischen Felsgestein. Auch der Wind schwieg, und sein Rauschen war nichts anderes als das Rauschen bewegter Blätter. So verstrich einige Zeit, und dann redeten sie wieder, und sie redeten also:

D a s W a s s e r : Nachdem ich, Tropfen um Tropfen, durch das Flöz einer unerschöpflichen Goldmine gesickert bin; nachdem ich eine Silberschicht durchronnen habe und hüpfend, als spränge ich über Kiesel, über Unmengen von Saphiren und Amethysten gehurgelt bin, statt Sandkörner Diamante und Rubine mit mir schleifend, bin ich einen geheimnisvollen Bund eingegangen mit einem Erdgeist. Durch seine Macht bereichert, versehen mit den okkulten Eigenschaften der Steine und Metalle, deren Atome ich sattsam in mich aufgenommen habe, kann ich dir alles bieten, was du begehrst. Ich habe die Beschwörungsmacht einer Zauberformel, die feiende Magie eines Talismans und die Wirkkraft der sieben Steine und der sieben Farben. ....

D e r W i n d : Vom Streifzug über die Ebene komme ich her, und wie die Biene heimgekehrt zum Stock mit ihrer duftenden Honigbeute, bringe ich Mädchenseufzer mit, Bittgebete von Kindern, Worte keuscher Liebe, Wohlgerüche von Narden und wildwachsenden Lilien. Vorüberschweifend, hab ich nichts anderes gesammelt als Düfte und Klänge verhallender Harmonie. Meine Schätze sind nicht mit Händen zu greifen, doch sie schenken der Seele den Frieden und die verschwebende Seligkeit glückhafter Träume. ....

Während ihre Schwester, wie von einem Zauber angezogen, sich über die Quelle beugte, um besser hören zu können, wich Magdalena unwillkürlich ein wenig zurück, weg von den Felsblöcken, zwischen denen das Wasser hervorsprudelte.

Beide blickten unverrückt; die eine hinab in die Tiefe des Wassers, die andere hinauf in die Tiefe des Himmels.

Und Magdalena rief, als sie die Gestirne funkeln sah in der Höhe:

„Das sind die Strahlenkränze der Engel, unserer unsichtbaren Wächter."

Und zur gleichen Zeit sagte Marta, als sie auf dem Grunde des Felsenborns den zitternden, glitzernden Widerschein der Sterne erblickte:

„Das sind die Goldstäubchen, die das Wasser mitreißt bei seinem geheimnisvollen Lauf."

Das Quellwasser und der Wind, die zum zweiten Mal für ein Weilchen verstummt waren, begannen aufs neue zu reden, und sie sagten:

D a s W a s s e r : Verfolge rückwärts meinen Lauf, bergauf; entledige dich aller Furcht, wie man ein lästiges Kleid auszieht, und wage es, die Schwelle zum Unbekannten zu überschreiten. Ahnungsvoll hab ich erkannt, daß dein Geist etwas vom Wesen der höheren Geister hat. Der Neid hat dich vielleicht aus dem Himmel verstoßen, hat dich hinabgestürzt, um dich durch den Dreck des Elends zu ziehen. Ich sehe trotzdem auf deiner verdüsterten Stirn das Siegel des Stolzes, das dich unser würdig macht, würdig der Gemeinschaft starker und freier Geister... Komm, ich will dich Zauberworte lehren, Worte von solch magischer Kraft, daß sich, sobald du sie aussprichst, die Felsen vor dir auftun und sie dir darbringen die Diamanten, die in ihrem Schoß verborgen liegen, wie die Perlen verborgen in den Muscheln ruhen, welche die Fischer heraufholen vom Meeresgrund. Komm, Schätze will ich dir schenken, auf daß du glücklich lebest. Und später, wenn einst der Kerker gesprengt wird, der ihn jetzt gefangenhält, wird dein Geist den unseren gleich, den Geistern, mit denen du verwandt bist; und alle zusammen werden wir die treibende Kraft der Schöpfung sein, der zündende Lebensstrahl, der als pulsierender Strom in ihren unterirdischen Adern kreist.

D e r W i n d : Das Wasser leckt die Erde und lebt im Schlamm. Ich durcheile die Regionen des Äthers und fliege im unendlichen Raum. Folge du den Regungen deines Herzens, laß deine Seele aufsteigen wie die Flamme, wie die blauen Spiralen des Rauchs. Weh dem, der Flügel hat und hinabsteigt in die Schlünde des Abgrunds, um Gold zu suchen, wo er doch fähig ist, sich aufzuschwingen in die Höhe, um Liebe zu finden und Fühlung. Lebe du unscheinbar wie das Veilchen, denn ich will dir mit einem fruchterweckenden Kuß den Lebenskeim einer anderen Blüte bringen, die dir verwandt ist, und werde den Nebel zerreißen, damit es nicht fehle an einem Sonnenstrahl, der deine Freude leuchtend umspielt. Lebe unscheinbar, lebe verkannt, denn wenn einst dein Geist seine Fesseln abwirft, werde ich ihn emportragen in die Regionen des Lichts auf einer roten Wolke.

Es schwiegen der Wind und das Wasser, und der Gnom erschien. Der Gnom war wie ein durchsichtig glimmerndes Männlein: eine Art Funkelzwerg, ähnlich einem Irrlicht. Er schüttete sich aus vor Lachen, ohne Lärm zu machen, und hüpfte von Felsblock zu Felsblock mit solch schwindelerregender Geschwindigkeit, daß einem vom bloßen Zusehen ganz zwirbelig wurde. Mal tauchte er ins Wasser und leuchtete da drunten weiter, wie ein Geschmeide aus Edelsteinen, schimmernd in tausend Farben; mal kam er an die Oberfläche, zappelnd mit Händen und Füßen, und schüttelte so wirbelig seinen Kopf, daß es beinah unfaßlich war.

Marta sah den Gnom und verfolgte mit hingerissenem Blick all seine aberwitzigen Kapriolen; und als der teuflische Geist sich schließlich wie eine davonflitzende Flamme ins Felsgewirr des Moncayo stürzte, wild seine Funkenmähne schüttelnd, fühlte sie einen unwiderstehlichen Sog und rannte ihm nach in rasender Hast.

„Magdalena", sagte unterdessen der Lufthauch, sich langsam entfernend.

Und Schritt vor Schritt, wie eine Schlafwandlerin, im Traum geleitet von einer freundlichen Stimme, folgte sie dem Wehen des Windes, der seufzend über die Ebene strich. Danach herrschte wieder Schweigen in der dunklen Allee, und der Wind und das Wasser rauschten weiter, wie sie immer rauschen.

IV

Mit einem blassen Gesicht, aus dem Staunen und Bestürzung sprachen, kehrte Magdalena in den Flecken zurück. Auf Marta wartete man die ganze Nacht vergebens.

Am nächsten Tag, als es Abend wurde, fanden die Mädchen am Ende der Allee, dicht bei der Quelle, einen zerbrochenen Krug. Es war Martas Krug. Von ihr selbst aber hat man nie wieder etwas erfahren. Seit damals gehen die Mädchen des Fleckens frühzeitig zum Wasserholen, so früh, daß sie schon mit der Sonne aus den Federn müssen. Ein paar von ihnen haben mir beteuert, daß man bei Nacht des öfteren das Weinen Martas gehört habe, deren Geist in der Quelle wohne, gefesselt. Ich weiß nicht, wie weit man diesem letzten Teil der Geschichte trauen darf; denn es steht ja fest, daß seit damals es niemand mehr gewagt hat, nach dem Avemarialäuten noch durch die Allee zu gehen, um etwas zu erlauschen.

DER GOLDENE ARMREIF (Legende aus Toledo)

I

Sie war schön, eine Schöne von solcher Schönheit, die Schwindel erregt; eine Schöne von solcher Schönheit, die in nichts dem gleicht, was wir träumend den Engeln andichten, und die dennoch etwas Übernatürliches ist: dämonische Schönheit, die vielleicht der Satan manchen Wesen verleiht, um sie zu seinen Werkzeugen auf Erden zu machen.

Er liebte sie, liebte sie mit solcher Liebe, die weder Zügel noch Schranke kennt; liebte sie mit solcher Liebe, in der man Lust sucht und nichts als Martern findet; mit einer Liebe, die der Glückseligkeit ähnelt und die doch, so meint man, vom Himmel nur eingeflößt wurde zur Verbüßung einer Schuld.

Sie war launisch, launisch und extravagant wie alle Frauen dieser Welt; er war abergläubisch, abergläubisch und wagemutig wie alle Männer seiner Zeit. Sie hieß María Antúnez; er Pedro Alfonso de Orellana. Beide waren Toledaner, und beide lebten in der nämlichen Stadt, in der sie zur Welt gekommen waren.

Die Überlieferung, der wir diese wundersame Geschichte aus weit zurückliegender Zeit verdanken, berichtet nichts weiter von den Personen, die darin die Hauptrollen spielen.

Ich, als getreuer Chronist, werde nicht ein einziges eigenmächtiges Wort zu ihrer näheren Charakterisierung beifügen.

II Er traf sie eines Tages weinend an, und er fragte sie:

„Warum weinst du?"

Sie wischte sich die Tränen ab, blickte ihn an mit starren Augen, stieß einen Seufzer aus und weinte aufs neue.

Da näherte Pedro sich ihr, ergriff ihre Hand, stützte sich mit dem Ellbogen auf das maurische Geländer, über das die Schöne hinabschaute auf den Fluß, der drunten vorüberströmte, und fragte sie wiederum:

„Warum weinst du?"

Der Tajo wand sich zu Füßen des Altans stöhnend zwischen den Felsen hindurch, über denen die königliche Stadt sich erhebt. Die Sonne versank hinter den nahen Bergen; der Abendnebel schwebte einher wie ein wehender Schleier aus blauem Flor, und nur das eintönige Rauschen des Wassers durchbrach die tiefe Stille.

María rief:

„Frag mich nicht, warum ich weine. Frag mich nicht; denn ich kann darauf keine Antwort geben, und du kannst mich nicht verstehen. Es gibt Wünsche im Herzen einer Frau, unterdrückte, halberstickte Wünsche, die sich nur in einem Seufzer Luft machen; verrückte Ideen, die uns durch den Kopf schießen, ohne daß die Lippe es wagt, sie in Worte zu fassen; unbegreifliche Anwandlungen unserer rätselhaften Natur, von denen der Mann keine Ahnung hat. Ich bitte dich also, frag mich nicht nach dem Grund meines Kummers. Würde ich ihn dir nennen, so würdest du vielleicht in schallendes Gelächter ausbrechen."

Als diese Worte verklangen, senkte sie wieder die Stirn, und er wiederholte sein Bitten und Fragen.

Endlich gab die Schöne ihr hartnäckiges Schweigen auf

und sagte in gedämpftem Ton, mit stockender Stimme, zu ihrem Liebhaber:

„Du willst es unbedingt; eine Narretei ist's, über die du lachen wirst; aber von mir aus; ich will's dir sagen, weil du es nicht anders willst. Gestern war ich in der Kathedrale. Man feierte das Fest der Heiligen Jungfrau: ihr Bild, auf goldenem Schemel, über dem Hochaltar, erstrahlte in feurigem Glanz; die Klänge der Orgel, bebend von Widerhall zu Widerhall geworfen, durchwogten die ganze weite Kirchenhalle, und im Chor die Priester stimmten das *Salve Regina* an. Ich betete; in Andacht versunken, betete ich, als ich unwillkürlich den Kopf hob und mein Blick auf den Altar fiel. Ich weiß nicht, weshalb meine Augen hängenblieben, ja, hängenblieben an dem Standbild; nein, das ist ungenau gesagt; nicht an dem Standbild; sie blieben hängen an einem Gegenstand, den ich bis dahin noch nie gesehen hatte; einem Gegenstand, der nun, auf mir unerklärliche Weise, meine ganze Aufmerksamkeit beanspruchte . . . Lach nicht! . . . Jener Gegenstand war der goldene Reif, den die Muttergottes an dem Arm trägt, auf welchem ihr göttliches Kind ruht . . . Ich wandte den Blick ab und wollte wieder beten . . . Unmöglich! Ganz von selbst kehrten meine Augen zum selben Punkt zurück. Die Kerzenlichter auf dem Altar spiegelten sich in den tausend Facetten der Diamanten jenes Schmuckstücks als wunderbar vervielfachtes Gefunkel. Millionen roter und blauer, grüner und gelber Glitzerfunken umschwirrten die Steine wie ein Wirbel winziger Feuerteilchen, wie im schwindelerregenden Rundtanz dieser Flammengeister, die einen bannen mit ihrem flirrenden Glast, ihrem unfaßlich flinken Gewimmel . . . Ich verließ die Kathedrale, kam nach Hause, aber jene fixe Idee ging mir nicht aus dem Kopf. Ich legte mich hin, um zu schlafen; ich konnte nicht ... Die ganze Nacht hindurch, immer und ewig, verfolgte mich jener Gedanke. . . Beim Morgengrauen fielen mir die Augen zu, aber – ob du's glaubst oder nicht – noch im Traum sah ich eine Frau daherkommen, verschwinden und wiederkehren, eine schöne, dunkeläugige Frau, die das goldene, mit Edelsteinen besetzte Kleinod trug; eine Frau, ja; denn es war nicht mehr die Heilige Jungfrau, die ich verehre und vor der ich niederknie; es war eine Frau, so wie ich, die mich anschaute, spöttisch lächelte, sich über mich lustig machte. ‚Siehst du ihn?' schien sie zu sagen, wobei sie mir den Schmuck zeigte. ‚Wie er funkelt! Er sieht aus wie ein Reif aus lauter Sternen, die man einem Sommernachtshimmel geraubt hat. Siehst du ihn? Und nicht dir gehört dieses Juwel, nie wird es dir gehören, niemals ... Vielleicht wirst du andere haben, noch bessere, kostbarere, falls es das gibt; aber diesen Reif hier, den da, der so phantastisch, so faszinierend glitzert ..., niemals ..., niemals ...' Ich erwachte; aber dieselbe fixe Idee steckte noch immer hier drin, steckt nach wie vor in meinem Kopf, wie ein glühender Nagel, unverrückbar: eine Teufelsidee, die gewiß der Satan selbst mir ins Hirn gejagt hat ... Na, und du? ... Du schweigst, schweigst und läßt den Kopf hängen ... Mußt du nicht lachen über meinen Irrwitz?"

Pedro umklammerte mit verkrampfter Hand den Knauf seines Degens, hob den Kopf, den er tatsächlich hatte sinken lassen, und sagte mit dumpfer Stimme:

»Welche Madonna hat dieses Geschmeide?«

„Die vom Tabernakel", flüsterte María.

„Die vom Tabernakel!" wiederholte der Jüngling im Tonfall jähen Entsetzens. „Die vom Sakramentshäuschen der Kathedrale!"

Und seine Miene spiegelte einen Moment lang den Zustand seines Innern wider, das durchzuckt wurde von einem schauerlichen Gedanken.

„Ah! Warum hat es nicht eine andere Madonna!“ fuhr er aufbrausend fort, heftig erregt. „Warum hat es nicht der Erzbischof an seiner Mitra, der König an seiner Krone oder der Teufel in seinen Krallen! Ich würde es ihnen entreißen, dir zuliebe – und wenn ich's mit Tod und Verdammnis bezahlen müßte! Aber der Jungfrau vom Tabernakel, der Schutzheiligen unserer Stadt ..., ich ..., ein Toledaner, hier geboren ... undenkbar, undenkbar!“

„Niemals!“ flüsterte María mit fast unhörbarer Stimme. „Niemals!“

Und wieder weinte sie.

Mit stumpfem Blick starrte Pedro hinab ins strömende Wasser des Flusses; in das strömende Wasser, das dahinflutete und dahinflutete vor seinen ratlosen Augen und unablässig aufschäumte zu Füßen des Altans, zwischen den Felsen, über denen die königliche Stadt sich erhebt.

III

Die Kathedrale von Toledo! Stellt euch einen Wald von gigantischen Palmstämmen aus Granit vor, deren Zweige ineinandergreifen und so ein kolossales, herrliches Gewölbe bilden, unter dem ein ganzer Schöpfungskosmos phantasiegezeugter und wirklichkeitsgetreuer Wesen wohlbeschirmt jenes Leben lebt, das der Genius seinem Werk verliehen hat.

Stellt euch ein unfaßliches Chaos von Licht und Schatten vor, in dem die Düsternis der Schiffe sich mischt und verschmilzt mit den vielfarbig schillernden Strahlen der Spitzbogenfenster; wo gegen die Finsternis des Altarraums das Schimmern der Lampen ankämpft und glimmend unterliegt.

Stellt euch eine steinerne Welt vor, unermeßlich wie der Geist unserer Religion, dunkel wie ihre Überlieferungen, rätselhaft wie ihre Gleichnisse – und noch immer habt ihr keine blasse Ahnung von diesem unvergänglichen Denkmal der Begeisterung und des Glaubens unserer Vorfahren, das die Jahrhunderte wetteifernd überschüttet haben mit den Schätzen ihrer frommen Überzeugungen, ihrer Eingebungen und ihrer Künste.

Im Schoß dieses Heiligtums wohnen die Stille, die Erhabenheit, die Poesie der Mystik und ein heiliger Schauder, der den weltlichen Gedanken und den erbärmlichen Leidenschaften der Erde den Zutritt verwehrt. Der hinfällige Leib lebt auf, wenn er die reine Luft der Gebirgshöhen atmet; das gottlose Denken muß genesen, wenn es diese Atmosphäre des Glaubens atmet.

Doch so groß, so überwältigend die Kathedrale unseren Augen erscheint, wann immer wir eintreten in ihren geweihten, geheimnisvollen Bezirk – niemals macht sie einen solch tiefen Eindruck wie an den Tagen, da sie die volle Pracht ihres Feierprunks entfaltet; da ihre Tabernakel mit Gold und Edelsteinen bedeckt sind, ihre Stufen mit Teppichen, ihre Pfeiler mit Gobelins.

Wenn dann, alles mit Licht überflutend, ihre tausend silbernen Lampen brennen; wenn eine Wolke von Weihrauch durch die Luft schwebt und die Stimmen des Chors und der Zusammenklang der Orgeln und der Glocken vom Turm das ganze Bauwerk erschüttern, von seinen tiefsten Grundfesten bis hinauf zu den Fialen, die es zuhöchst bekrönen, dann erst, ja dann begreift man, verspürt man leibhaftig die ungeheure Hoheit Gottes, der in ihm wohnt, es beseelt mit seinem Hauch und erfüllt mit dem Abglanz seiner Allmacht.

Am selben Tag, da sich die vorher geschilderte Szene ereignete, feierte man in der Kathedrale von Toledo das Schlußfest der glanzvollen Marienoktav.

Eine unüberschaubare Menschenmenge war zum Hochamt in das Gotteshaus geströmt; aber diese hatte sich bereits wieder zerstreut, war in alle Richtungen auseinandergelaufen; die Lichter in den Kapellen und auf dem Hochaltar waren bereits gelöscht, und die gewaltigen Türflügel des Heiligtums hatten sich knarrend in ihren Angeln gedreht, um sich hinter dem letzten Toledaner zu schließen, als aus dem Dämmerdunkel, mit blassem Gesicht, so blaß wie die Statue des Grabmals, auf das er sich einen Moment stützte, bemüht, seine Erregung zu beherrschen, ein Mann auftauchte, der so unauffällig wie möglich vorwärts schlich, bis zum Vierungsgitter. Dort ließ der Schein einer Lampe seine Gesichtszüge erkennen.

Es war Pedro.

Was hatte sich zwischen den zwei Liebenden abgespielt, daß er schließlich doch das Wagnis auf sich nahm, einen Gedanken in die Tat umzusetzen, der schon als bloße Vorstellung ihm ein solches Grauen eingejagt hatte, daß ihm die Haare zu Berge standen? Nie hat man es erfahren. Jedenfalls war er nun da, und er war da, um sein frevlerisches Vorhaben auszuführen. An seinem unruhigen Blick, am Zittern seiner Knie, an dem Schweiß, der in dicken Tropfen über seine Stirn rann, war abzulesen, was in ihm vorging.

Die Kathedrale war leer, völlig leer, versunken in tiefer Stille. Und dennoch: hin und wieder hörte man etwas, irgendwelche unklaren Geräusche: ein Knacken im Holz vielleicht, oder ein Raunen des Windes oder – wer weiß? – auch nur eine Einbildung der Phantasie, die in ihrer Erregtheit hört und sieht und fühlt, was gar nicht da ist. Aber nein, es stimmte: bald in der Nähe, bald weiter weg, mal hinter seinem Rücken, mal neben ihm ertönte etwas, wie unterdrücktes Schluchzen, wie ein Rascheln von Stoffen, die auf dem Boden schleifen, wie das Hallen von Schritten, die immerzu fortgehen und herkommen.

Pedro zwang sich weiterzugehen; er erreichte das Gitter und stieg die erste Stufe zum Altarraum hinauf. Dort, im Halbkreis angeordnet, sind die Gräber der Könige, deren Standbilder, die Faust auf dem Schwertknauf, Tag und Nacht das Gotteshaus zu bewachen scheinen, das Heiligtum, in dessen Dunkel sie eine Ewigkeit ruhen. „Vorwärts!" ermunterte er sich selbst im Flüsterton, wollte weitergehen und konnte nicht. Ihm war, als hätte man ihm die Füße angenagelt. Er blickte zu Boden, und seine Haare sträubten sich: der Boden der Kapelle bestand aus breiten, dunklen Grabplatten.

Einen Moment lang glaubte er, eine kalte, knochendürre Hand halte ihn fest, mit unüberwindlicher Kraft, so daß er sich nicht von der Stelle rühren konnte. Die ersterbenden Lampen, die hinten in den Schiffen glommen – wie Sterne, verloren inmitten von lauter Dunkelheit –, schwankten vor seinen Augen, und es schwankten die Statuen über den Gräbern und die Altarbilder, und es schwankte die ganze Kirche mit ihren granitenen Arkaden und ihren Stützpfeilern aus fest verfugten Quadern.

„Vorwärts!" sagte Pedro nochmal, rief es, wie von Sinnen, und ging auf den Altar zu; er schwang sich auf den Steintisch und kletterte hinauf bis zum Schemel der

Marienskulptur. Alles um ihn herum nahm chimärische, grauenhafte Züge an; alles war Finsternis oder ein dubioses Licht, das noch unheimlicher war als die Dunkelheit. Nur die Himmelskönigin, sanft beleuchtet von einer güldenen Ampel, schien gelassen zu lächeln, gütig und heiter inmitten von all dem Grauen.

Dennoch: dieses stumme, reglose Lächeln, das ihn für einen Augenblick beruhigte, flößte ihm schließlich Angst ein, eine Angst, die noch aberwitziger, noch abgründiger war als die, welche er bis dahin empfunden hatte.

Er faßte sich jedoch wieder, ermannte sich, schloß die Augen, um sie nicht sehen zu müssen, reckte die Hand, mit einer jähen, krampfhaften Bewegung, und entriß ihr den Armreif, den goldenen Armreif, die Weihegabe eines seligen Erzbischofs, den goldenen Armreif, der ein Vermögen wert war.

Schon war das Geschmeide in seiner Gewalt; seine verkrampften Finger umklammerten es mit übernatürlicher Kraft; nun galt es nur noch zu fliehen, zu fliehen mit der kostbaren Beute; doch dazu mußte er die Augen öffnen, und Pedro hatte Angst davor, etwas sehen zu müssen, das Muttergottesbild zu sehen, die Könige der Grabmäler zu sehen, die Dämonen auf dem Kranzgesims, die Drachen der Kapitäle, die Schattenstreifen und die Lichtstrahlen, die sich, gleich weißen, riesenhaften Gespenstern, langsam bewegten in den Schiffen hinten, wo seltsame, unheimliche Geräusche umgingen.

Endlich öffnete er die Augen, blickte um sich, und ein gellender Schrei entfuhr seinen Lippen.

Die Kathedrale war voller Statuen, Statuen, die in langen Gewändern, wie er sie noch nie gesehen, herabgestiegen waren aus ihren Nischen und nun die ganze Kirchenhalle besetzten, ihn anstarrend mit ihren leeren, pupillenlosen Augen.

Heilige, Nonnen, Engel, Dämonen, Krieger, Edelfrauen, Pagen, Klosterbrüder und Bürgersleute regten sich da in dichtem Durcheinander in den Schiffen und um den Altar. Zu seinen Füßen zelebrierten, in Gegenwart der Könige, die auf ihren Gräbern knieten, die Erzbischöfe aus Marmor, welche er sonst reglos ausgestreckt auf ihren Totenlagern hatte liegen sehen; und zugleich wimmelte da, über die Grabplatten kriechend, an den Stützpfeilern emporkraxelnd, geduckt auf den Baldachinen kauernd, von den Gewölben herabbaumelnd, als wär's das Wurmgezücht eines ungeheuren Kadavers, eine ganze Granitfauna von allen möglichen Reptilien und sonstigem Albtraumgeziefer in greulicher Ungestalt.

Er hielt es nicht mehr aus. In seinen Schläfen hämmerte es grauenhaft; eine Blutwolke verdunkelte seine Pupillen; er stieß einen zweiten Schrei aus, einen herzzerreißenden, nicht mehr menschlichen Schrei, und stürzte bewußtlos auf den Altar.

Als die Kirchendiener ihn am nächsten Tag zu Füßen des Opfertisches fanden, hatte er noch den goldenen Armreif in seinen Händen, und als er sie herankommen sah, schrie er mit schrillem Gelächter:

„Ihr gehört er! Ihr!"

Der Ärmste hatte den Verstand verloren.

DER GEISTERBERG (Legende aus Soria)

In der Nacht auf Allerseelen – ich weiß nicht, zu welcher Stunde – weckte mich das Totengeläute der Kirchenglocken. Ihr eintöniger, nimmer endender Schall und Hall rief mir die altüberlieferte Geschichte ins Gedächtnis, die ich unlängst in Soria gehört habe.

Ich versuchte wieder einzuschlafen. Unmöglich! Ist die Phantasie einmal angestachelt, prescht sie los wie ein scheuendes Pferd, das sich durch keinen Ruck am Zügel mehr zum Stehen bringen läßt. Um mir die Zeit zu vertreiben, beschloß ich daher, die Sage niederzuschreiben – was ich denn auch getan habe.

Am hellichten Mittag, mit einem ordentlichen Imbiß im Leib und einer Zigarre im Mund, wird der Zeitungsleser davon wohl nicht sonderlich beeindruckt werden. Ich habe die Geschichte am Schauplatz ihres Geschehens gehört, und bei ihrer Niederschrift habe ich mehrmals ängstlich den Kopf gedreht, wenn die Scheiben meiner Balkontür schepperten, erschauernd unterm Anprall des kalten Nachtwinds.

So oder so – sei's drum. Das Blatt liegt auf dem Tisch – mal sehn, ob es sticht!

I

Koppelt die Hunde an! Stoßt ins Horn und gebt das Signal zum Sammeln! Wir wollen heim in die Stadt. Bald wird es Nacht, heut ist Allerheiligen, und wir sind auf dem Geisterberg."

„So früh schon!"

„Wär' heut ein anderer Tag, würd' ich nicht Ruhe geben, ehe ich die ganze Rotte zur Strecke gebracht hätte, das ganze Wolfsrudel, das der Schnee aus den Schlupfwinkeln auf dem Moncayo verjagt hat. Aber heute geht's nicht. Bald wird im Templerkloster die Litanei ertönen, und dann kommen die Geister der Verstorbenen und wollen in der Bergkapelle ihre Glocke läuten."

„In dieser verfallenen Kapelle! Pah! Willst du mir Angst machen?"

„Nein, schöne Base. Du kennst dich hierzuland noch nicht aus, weißt nicht, was sich da so alles begibt; denn es ist ja noch kein Jahr, daß du von weither zu uns gekommen bist. Zügle deine Stute – ich will neben dir herreiten und dir auf dem Heimweg diese Geschichte erzählen."

Die Knappen scharten sich zu lustigen, lärmenden Haufen. Die Grafen von Borges und von Alcudiel bestiegen ihre prächtigen Rosse, und alle miteinander folgten den Kindern der beiden Edelleute, Beatriz und Alonso, die in beträchtlichem Abstand vorausritten.

Während sie heimwärts zogen, erzählte Alonso die versprochene Geschichte, mit den folgenden Worten:

„Dieser Berg hier, der heutzutage ‚der Geisterberg' genannt wird, gehörte einst den Templern, deren Kloster du da drunten siehst, dicht beim Fluß. Die Templer waren Krieger und Mönche zugleich. Nachdem Soria zurückerobert und von der Maurenherrschaft befreit worden war, ließ der König sie aus fernen Landen kommen, damit sie die Stadt verteidigten, vor der Brücke – womit er seinen adligen Gefolgsleuten aus Kastilien einen schlimmen Tort antat; denn sie, die ohne fremde Hilfe Soria erobert hatten, wären auch imstand gewesen, es allein zu verteidigen. Zwischen den Rittern des neuen, mächtigen Ordens und den Hidalgos der Stadt schwelte jahrelang ein tief sitzender Haß, der schließlich offen ausbrach. Die Templer hatten diesen Berg zu ihrem Jagdgebiet erklärt und hegten hier einen reichen Wildbestand, der ihren leiblichen Bedürfnissen und ihren weidmännischen Vergnügungen vorbehalten sein sollte. Die Adligen von Soria aber beschlossen, in diesem eingefriedeten Revier eine große Treibjagd zu veranstalten, trotz dem Verbot, das die ‚Pfaffen mit Sporen' – wie die geistlichen Streiter feindselig genannt wurden – mit aller Strenge verkündet hatten. Der provokatorische Plan wurde ruchbar, und es gab nichts, was die einen von ihrer blindwütigen Jagdgier und die anderen von ihrer bockbeinigen Widersetzlichkeit hätte abbringen können. Der ausgeheckte Beutezug wurde ins Werk gesetzt. Die wilden Tiere freilich wurden durch diese Unternehmung nicht nachhaltig behelligt. Unvergeßlich blieb sie vielmehr all den Müttern, die nachher Trauer trugen, ihrer Söhne wegen. Keine Jagd war das. Es war ein entsetzliches Gemetzel: der Berg war hinterher mit Leichen übersät. Die Wölfe, die man hatte ausrotten wollen, konnten sich an einem blutigen Festmahl erlaben. Endlich griff der König ein und sprach ein Machtwort: Der fluchbeladene Berg, Anlaß zu soviel Unheil, wurde zum herrenlosen Banngebiet erklärt, und die Kapelle der Ordensleute, die auf eben diesem Berge stand und in deren Vorhof man Freund und Feind beisammen begraben hatte, verfiel allmählich. Seither, so heißt es, läßt die Glocke auf der Kapelle alljährlich in der Nacht auf Allerseelen ganz von alleine ihr Totengeläute hören; und die Geister der Erschlagenen stürmen dann, von zerfetzten Schweißtüchern umflattert, wie auf wilder, gespenstischer Hatz, durch Dorn und

Dickicht. Die Hirsche schreien vor Schreck, die Wölfe heulen, die Schlangen zischeln gräßlich, und anderntags hat man schon manchmal im Schnee Spuren entdeckt, Abdrücke entfleischter Füße von jenen Spukgerippen. Darum nennen wir Sorianer ihn den Geisterberg, und deshalb wollte ich weg, noch ehe die Nacht einbricht."

Alonso hatte seine Erzählung eben zu Ende gebracht, als die beiden jungen Leute zu der Brücke gelangten, die hinüberführt zur Stadt. Dort warteten sie auf die übrigen Jagdgefährten, und wie die ganze Gesellschaft beisammen war, überquerte sie den Duero und entschwand in den engen, dunklen Gassen von Soria.

II Die Diener hatten soeben die Tafel abgeräumt; der hochgewölbte gotische Kamin in der Halle der Grafen von Alcudiel erfüllte den Raum mit flackerndem Flammenschein und beleuchtete Grüppchen von Damen und Caballeros, die in trautem Geplauder rings um das Feuer saßen, während der Wind gegen die Butzenscheiben der Spitzbogenfenster schlug.

Nur zwei Personen schienen sich nicht zu beteiligen an dem Gespräch: Beatriz und Alonso. Beatriz beobachtete gedankenverloren das launenhafte Spiel der Flammen. Alonso betrachtete das Funkeln und Funkensprühen des Spiegelfeuers in den blauen Augen von Beatriz.

Beide hatten schon geraume Zeit kein Wort gesagt.

Die bejahrten Frauenzimmer gaben, weil die Allerseelennacht hereingebrochen war, einschlägige Schauergeschichten zum besten, in denen irrende Seelen und Gespenster die Hauptrollen spielten; und die Glocken der

Kirchen von Soria läuteten draußen ihr eintöniges, trauriges Totengeläute.

„Schöne Base", sagte endlich Alonso, das Schweigen brechend, in dem sie so lange verharrt hatten, „bald werden wir uns trennen, vielleicht für immer; die dürren Hochebenen Kastiliens, seine rauhen, kriegerischen Sitten, seine schlichten, patriarchalischen Gepflogenheiten behagen dir nicht, ich weiß. Öfters hab' ich dich seufzen hören – vielleicht nach irgendeinem fernen Galan daheim in eurem Stammland."

Beatriz zeigte eine kühle, abweisende Miene; das ganze Charakterbild eines weiblichen Wesens offenbarte sich in der Art, wie sie ihre feinen Lippen schürzte.

„Vielleicht nach dem Prunk des französischen Hofes, an dem du bisher gelebt hast", fügte der Jüngling eilig hinzu. „So oder so – ich ahne jedenfalls, daß ich dich binnen kurzem verliere … Und wenn wir uns trennen, möchte ich, daß du ein Andenken mitnimmst, das dich an mich erinnert. Weißt du noch, wie wir miteinander in die Kirche gingen, um Gott dafür zu danken, daß er dir deine Gesundheit zurückgegeben hat, wie du es dir erhofftest, als du hierher kamst? Die Schmuckspange, mit der die Feder an meiner Mütze befestigt war, hat damals deine Aufmerksamkeit erregt, dein Wohlgefallen. Wie hübsch wäre es, wenn sie einen Schleier festhalten dürfte auf deinem schwarzen Haar! Schon einmal saß sie im Haar einer Braut: mein Vater schenkte sie der, die mir das Leben gab, und sie trug die Spange, als sie vor den Altar trat … Möchtest du sie haben?"

„Ich weiß nicht, wie es bei euch der Brauch ist", antwortete die Schöne, „aber in unserem Land bedeutet das Annehmen eines Angebindes, daß man eine bindende

Verpflichtung eingeht. Nur bei Feierlichkeiten darf man ein Geschenk entgegennehmen aus den Händen eines Verwandten . . ., und selbst in diesem Fall kann der zum Kadi laufen und kehrt nicht mit leeren Händen heim."

Der eisige Ton, in dem Beatriz dies sagte, verwirrte den Jüngling einen Augenblick. Als er sich wieder gefaßt hatte, sagte er traurig:

„Das weiß ich, Base; aber heute feiern wir Allerheiligen, und vor allen deine heilige Patronin; heut ist ein Tag der Festlichkeiten und der Geschenke. Möchtest du meines annehmen?"

Beatriz biß sich leicht auf die Lippen, streckte wortlos die Hand aus und nahm das Juwel.

Die beiden jungen Leute versanken wieder in Schweigen, und wieder hörte man das Krächzen altersmürber Frauenstimmen, die von Hexen und Poltergeistern redeten, und das Brausen des Windes, der mit den Scheiben der Spitzbogenfenster klirrte, und das traurige, eintönige Totengeläute der Glocken.

Nach einigen Minuten nahm Alonso das versandete Gespräch wieder auf:

„Und ehe Allerheiligen vorüber ist, das Fest, an dem nicht nur deine Patronin, sondern auch mein Schutzheiliger gefeiert wird – willst du da nicht, solang du's noch tun kannst, ohne dich damit zu binden, mir ein Andenken überlassen?"

Fragend blickte er seine Base an, deren Augen plötzlich aufblitzten, durchzuckt von einem teuflischen Gedanken.

„Warum nicht?" sagte sie, griff sich an die rechte Schulter, fuhr mit der Hand über die Falten ihres weiten Ärmels aus goldbesticktem Samt, als ob sie tastend nach etwas suchte, und sprach dann weiter, mit dem Ausdruck kindlichen Bedauerns: „Erinnerst du dich an die blaue Schärpe, die ich heute bei der Jagd getragen habe und von der du gesagt hast, sie sei – ich weiß nicht, wegen welch symbolischer Bedeutung ihrer Farbe – das Wappen deines Herzens?"

„Ja."

„Nun – sie ist weg! Verloren hab' ich sie, und ich wollte sie dir doch als Andenken hinterlassen."

„Verloren! Wo denn?" fragte Alonso und sprang auf, mit einer Miene, in der Furcht und Hoffnung sich unbeschreiblich vermischten.

„Ich weiß nicht . . . Auf dem Berg, vielleicht."

„Auf dem Geisterberg!" flüsterte er, wurde blaß und ließ sich in den Sessel fallen. „Auf dem Geisterberg!" Mit stockender, tonloser Stimme fuhr er dann fort: „Du weißt ja, denn du hast es wohl tausendmal gehört: in der Stadt, in ganz Kastilien nennt man mich den König der Jäger. Da ich meine Kräfte noch nicht auf dem Schlachtfeld erproben und erweisen konnte, wie dies all meine Vorfahren taten, habe ich mich diesem Zeitvertreib gewidmet, diesem Ebenbild des Krieges, mit all dem Feuer meiner Jugend, all dem Kampfeseifer, den ich ererbte von meinen Vätern. Der Teppich unter deinen Füßen besteht aus den Fellen wilder Tiere, die ich mit eigener Hand getötet habe. Ich kenne ihre Schlupfwinkel und ihre Gewohnheiten, ich habe mit ihnen gekämpft bei Tag und bei Nacht, zu Fuß und zu Pferde, allein und im Getümmel der Treibjagd, und niemand wird behaupten, er habe mich je davonrennen sehen, wenn es gefährlich wurde. In jeder anderen Nacht würde ich flugs nach der Schärpe fahnden, in fliegender Eile, freudebeschwingt, als ginge es zu einem Fest; aber heute nacht . . ., heute, in dieser Nacht – warum soll ich's dir verhehlen? – habe ich Angst. Hörst du? Die Glocken läuten den Toten, die Litanei ist ertönt, drüben im Kloster San Juan del Duero, die Geister vom Berg recken nun ihre gelben Schädel aus dem Gestrüpp, das die Gräber überwuchert . . . Die Geister! Ihr Anblick allein genügt, daß dem Tapfersten vor Grauen das Blut in den Adern gefriert, daß ihm die Haare weiß werden, falls er nicht fortgerissen wird vom Wirbel ihrer rasenden Hatz wie ein Blatt, das der Sturmwind hinwegfegt, wer weiß wohin."

Während der Jüngling sprach, kräuselte ein heimliches Lächeln die Lippen von Beatriz; und als er ausgesprochen hatte, sagte sie, das Feuer schürend, stochernd im offenen Kamin, wo die Scheiter knackten, knisterten und vielfarbige Funken versprühten, in ungerührtem Ton:

„Oh, nein! Kommt nicht in Frage! Was für ein Irrsinn! Jetzt auf den Berg zu gehen wegen solch einem Firlefanz! In stockfinsterer Nacht, Allerseelennacht, und auf Wegen, wo es nur so wimmelt von Wölfen!"

Den letzten Satz gab sie derart betulich von sich, daß Alonso die bittere Ironie, die darin steckte, nicht überhören konnte. Wie angestochen schnellte er auf, fuhr sich mit der Hand über die Stirn, als wollte er die Angst vertreiben, die in seinem Hirn hockte, nicht in seinem Herzen, und sagte mit fester Stimme zu der Schönen, die noch immer vorgebeugt dasaß und angelegentlich im Herdfeuer stocherte:

„Lebwohl, Beatriz, lebwohl! Bis bald!"

„Alonso, Alonso!" sagte das Mädchen und wandte sich ruckartig um; doch wie sie ihn aufhalten wollte, oder so tat, als wollte sie ihn aufhalten, war der Jüngling bereits verschwunden.

Wenige Minuten später hörte man das Hufgeklapper eines Pferdes, das im Galopp davonstab. Mit hochroten Wangen, ein Strahlen befriedigten Stolzes im ganzen Gesicht, horchte die Schöne hellwach auf dieses Geräusch, das schwächer und schwächer wurde, verschwamm und schließlich in nichts zerrann.

Die alten Frauen tuschelten indessen weiterhin von spukenden Geistern; der Wind wummerte gegen die Scheiben der Balkontüren, und die Glocken der Stadt läuteten draußen das Totengeläute.

III

Eine Stunde war vergangen, eine zweite, dritte; bald würde es Mitternacht schlagen. Beatriz zog sich in ihr Andachtskämmerchen zurück. Alonso kam und kam nicht wieder; dabei hätte er es doch bequem in knapp einer halben Stunde schaffen können.

„Er hat wohl Angst gehabt!" sagte das Mädchen vor sich hin, klappte das Gebetbuch zu und ging ins Schlafzimmer, nachdem es vergeblich versucht hatte, sich zu sammeln, um vor dem Hausaltar ein paar der Fürbittformeln zu murmeln, welche die Kirche an Allerseelen denen weiht, die nimmer unter den Lebenden sind.

Nachdem sie die Lampe gelöscht und die seidenen Bettvorhänge zugezogen hatte, legte sie sich schlafen; sie schlummerte ein und lag in einem unruhigen, leichten, nervösen Schlaf.

Die Uhr vom Kleinen Turm schlug zwölfe. Dösend hörte Beatriz das Dröhnen der Glockenschläge – schwer, dumpf, tieftraurig – und öffnete die Augen einen Spalt. Ihr war, als hätte sie zugleich ihren Namen rufen hören; doch von weither, von sehr weit her, gerufen von einer erstickten, schmerzverzerrten Stimme. Der Wind stemmte sich stöhnend gegen die Fensterscheiben.

„Es wird bloß der Wind sein", sagte sie und suchte sich selbst zu beruhigen, indem sie die Hand auf ihr Herz legte.

Aber das Herz schlug heftiger von Mal zu Mal. Die Lärchenholzflügel der Schwingtür vor dem Andachtskämmerchen hatten geknarrt, hatten mit langgezogenem, schrillen Kreischen sich in den Angeln gedreht.

Eine nach der andern, erst weiter weg, dann immer näher, rumorten der Reihe nach die Türen, durch die man zu ihrem Gemach gelangte: mal dumpf und ernst, mal wimmernd, eine ganze Weile, markdurchdringend. Dann Stille, eine Stille voll befremdlicher Geräusche, die Stille der Mitternacht, mit dem Raunen rinnenden Wassers draußen, fernem Hundegebell, verworrenen Stimmen, unverständlichen Worten, Widerhall von Schritten, die fortgehn und herkommen, Rascheln von Roben, die über den Estrich schleifen, Seufzern, die versiegen, keuchenden Atemstößen, die man fast auf der Haut verspürt, Schaudergeriesel, das übers Rückgrat rinnt und verrät, daß etwas da ist, das man nicht sieht und dessen Näherrücken man doch merkt, trotz der Dunkelheit.

Beatriz, schreckensstarr und zitternd, streckte den Kopf durch den Vorhangspalt und lauschte einen Moment. Sie hörte tausenderlei Geräusche, fuhr sich mit der Hand über die Stirn, lauschte aufs neue: nichts, nur Stille.

Sie sah, durch ein fahles Flimmern hindurch, wie es die Pupillen umflirrt, wenn einem die Nerven versagen, irgendwelche Gestalten, die dahin und dorthin huschten; und als sie die Augen weit aufriß, den Blick strack auf einen bestimmten Punkt richtete – nichts, nur Dunkelheit, undurchdringliche Düsternis.

„Pah!“ rief sie aus, wandte sich um und legte ihren schönen Kopf wieder auf das blaue Atlaskissen. „Bin ich so ein Angsthase wie diese armen Kerle, denen das Herz unterm Harnisch pumpert, sobald sie ein Ammenmärchen von nachtwandelnden Gespenstern hören?“

Sie schloß die Augen und versuchte wieder einzuschlafen . . . , doch vergeblich war das Bemühen, sich selber zu bezwingen. Schon nach kurzem fuhr sie wieder auf, noch blasser, noch tiefer verstört, von Schreck durchbohrt. Jetzt war es keine Sinnestäuschung mehr: mit wisperndem Geknister hatten sich die Brokatbahnen des Türvorhangs geteilt, und langsame Schritte tappten über den Teppich; dumpf war das Geräusch, das jene Schritte machten, fast unhörbar, doch beständig, und im steten Takt der Tritte knackte irgendwas, wie Holz, wie Knochen. Und sie kamen näher, immer näher. Es ruckte der Betstuhl, der neben ihrem Bett stand. Beatriz stieß einen spitzen Schrei aus, vergrub den Kopf unter der Bettdecke und hielt den Atem an.

Der Wind peitschte die Balkontüren, daß die Scheiben schepperten; das Wasser des Brunnens draußen rann und rann mit unaufhörlich eintönigem Geraune; das Bellen der Hunde schwoll an mit jeder Bö, die heranbrauste; und die Glocken der ganzen Stadt Soria – die einen nah, die anderen fern – läuteten traurig das Totengeläute für die Seelen der Verstorbenen.

So verging eine Stunde, zwei Stunden, die Nacht, ein Jahrhundert – denn ewig, wähnte Beatriz, währte jene Nacht. Endlich dämmerte rötlich der Morgen herauf. Langsam sich ihrer Angst entwindend, blinzelte sie mit halbgeöffneten Augen den ersten Sonnenstrahlen entgegen. Nach einer Nacht, die man schlaflos, schreckzermartert verbracht hat – wie schön ist da das klare, hell schimmernde Licht des Tages! Sie schlug die seidenen Bettvorhänge zurück, schaute in heiterer Gelassenheit sich um und wollte schon hellauf lachen über die Ängste, denen sie sich ausgeliefert hatte, als ihr plötzlich kalter Schweiß aus allen Poren brach, die Augen aus ihren Höhlen traten und eine Totenblässe jegliche Farbe von ihren Wangen jagte: Auf dem Betstuhl erblickte sie die blaue Schärpe – blutverschmiert und zerfetzt –, die sie auf dem Berg verloren hatte; die blaue Schärpe, die zu suchen Alonso losgeritten war.

Als ihre Diener mit verstörten Gesichtern ins Zimmer stürzten, um ihr den Tod des Erben von Alcudiel zu melden, den man frühmorgens irgendwo im Gestrüpp auf dem Geisterberg gefunden hatte, zerfleischt von den Wölfen, sahen sie das Mädchen reglos, zusammengekrampft an einer der Ebenholzsäulen des Himmelbetts kauern, die es mit beiden Armen umklammerte: hervorgequollen die Augen, halboffen der Mund, weiß die Lippen, starr die Glieder, totenstarr, getötet vom Grauen!

IV

Einige Zeit nach diesem Vorfall soll ein verirrter Jäger, der die Allerseelennacht auf dem Geisterberg verbringen mußte und am andern Tag, ehe er starb, noch erzählen konnte, was er gesehen, schaurige Dinge berichtet haben. Unter anderem, so behauptet man, habe er gesehen, wie die Skelette der einstigen Tempelherren und der Adligen von Soria, die allesamt im Vorhof der Kapelle begraben liegen, schlagartig, sobald die Litanei ertönte, mit grausigem Geklapper ihren Gräbern entstiegen und als Reiter auf Gerippen von Rossen, als hetzten sie ein wildes Tier, eine schöne Frau verfolgten, ein Mädchen mit blassem Gesicht und flatternden Haaren, das auf nackten, blutenden Füßen und schreiend vor Entsetzen im Kreise raste, Runde um Runde, rings um das Grabmal Alonsos.

DAS HEIRATSVERSPRECHEN
(Legende aus Kastilien)

I

Margarita weinte, die Hände vor dem Gesicht; sie weinte, ohne zu jammern; aber die Tränen liefen ihr lautlos über die Wangen, rannen zwischen ihren Fingern hindurch und fielen auf die Erde, der sie die Stirn zugewandt hatte.

Neben Margarita stand Pedro, der hin und wieder aufblickte, um sie anzuschauen; und da er sah, daß sie weinte, senkte er wieder den Blick und hütete sich, auch nur ein einziges Wort zu sagen.

Und alles ringsum schwieg, wie aus ehrfürchtiger Scheu vor ihrem Leid. Die vielfältigen Laute des Landlebens waren verstummt; der Abendwind hatte sich schlafen gelegt, und die Schatten umfingen allgemach das dichte Gehölz des Auwaldes.

So vergingen einige Minuten. Indessen verwischte sich vollends die letzte Spur von Licht, welche die Sonne hinterlassen hatte, als sie am Horizont versank; der Mond begann sich vage abzuzeichnen auf dem violetten Hintergrund des Dämmerhimmels, und einer nach dem andern erschienen die größeren Sterne.

Pedro brach endlich dieses beklemmende Schweigen und sagte mit tonloser, stockender Stimme, als spräche er mit sich selbst:

„Es geht nicht . . . , geht wirklich nicht!"

Dann näherte er sich dem untröstlichen Mädchen, nahm ihre Hand und fuhr in sanfterem, zärtlicherem Tone fort:

„Margarita, für dich ist die Liebe ein und alles, und du

siehst nichts weiter als die Liebe. Aber es gibt etwas, das so achtbar ist wie das Gefühl, das uns verbindet: meine Pflicht. Unser Herr, der Graf von Gómara, verläßt morgen seine Burg, um seine Streitmacht zu vereinen mit dem Heer von König Fernando, der Sevilla befreien will von der Herrschaft der Ungläubigen – und ich muß mit dem Grafen ins Feld ziehen. Als Findelkind, ohne Namen, ohne Familie, schulde ich ihm alles, was ich bin. Ich habe ihm gedient in den müßigen Zeiten des Friedens, habe unter seinem Dach geschlafen, mich gewärmt an seinem Herd und das Brot an seinem Tisch gegessen. Lasse ich ihn heute im Stich, so werden morgen seine Krieger, wenn sie in hellen Haufen ausrücken durch die Burgtore, sich verwundern über mein Fehlen und werden fragen: ‚Wo steckt denn der Schildträger, der Lieblingsknappe des Grafen von Gómara?' Und mein Herr wird beschämt schweigen; aber seine Pagen und Possenreißer werden spötteln: ‚Der Schildknappe des Grafen ist bloß ein flotter Ringelstecher, ein Zierkämpe für den Damenzirkel.'"

Bei diesem Satz schaute Margarita auf, Tränen in den Augen, die in die seinen blickten, und bewegte die Lippen, als wollte sie ihm etwas sagen; aber ihre Stimme erstickte in einem Schluchzen.

Noch sanfter, noch wärmer um Verständnis werbend, redete Pedro weiter:

„Weine nicht, um Gottes willen, Margarita; deine Tränen tun mir weh. Ich gehe fort von dir; aber ich werde wiederkommen, wenn ich ein wenig Ruhm erworben habe für meinen unbekannten Namen. Der Himmel wird uns helfen bei unserem heiligen Vorhaben. Wir werden Sevilla erobern, und der König wird uns, die Eroberer, belehnen mit Ländereien an den Ufern des Guadalquivir. Dann werde ich heimkehren, dich aufsuchen, und gemeinsam wollen wir dann fortziehen, um uns dort niederzulassen, im Paradiesgarten der Araber, wo selbst der Himmel noch heiterer sein soll, noch klarer und blauer als hier in Kastilien. Ich werde wiederkommen, das schwöre ich dir; werde wiederkommen, um mein Wort wahrzumachen, das ich dir feierlich gegeben habe, an dem Tage, da ich dir diesen Ring an den Finger steckte, als Zeichen eines Versprechens."

„Pedro!" rief da Margarita, in entschlossenem, festem Ton, das eigene Gefühl bezwingend. „Geh, geh und wahre deine Ehre; aber komm wieder . . . , komm und bring mir die meine."

Pedro küßte die Stirn Margaritas, band sein Pferd los, das an einem Baumstamm des Auwaldes angepflockt war, und ritt im Galopp auf dem pappelgesäumten Weg davon.

Margarita schaute Pedro nach, bis seine Silhouette im Nebel der Nacht verschwamm, und als sie nichts mehr von ihm erkennen konnte, ging sie langsam heimwärts zum Dorf, wo ihre Brüder sie erwarteten.

„Richte deine Festkleider her", sagte einer von ihnen zu ihr, als sie ins Haus trat, „denn morgen gehn wir nach Gómara, mit allen Leuten aus dem Dorf, um den Grafen zu sehen, wie er ins Feld zieht, nach Andalusien."

„Mich stimmt es eher traurig als lustig, mitanzusehen, wie sie da fortziehen, die vielleicht nie wiederkommen", antwortete Margarita mit einem Seufzer.

„Trotzdem", drängte der andere Bruder, „du sollst mitgehen, sollst hübsch herausgeputzt und munter dabeisein; dann werden die Klatschmäuler nicht sagen, du hättest ein Techtelmechtel mit einem vom Schloß und dein Schatz ziehe fort in den Krieg."

II Kaum erschimmerte am Himmel das erste Licht der Morgenfrühe, da war schon überall im Umland von Gómara das gellende Trompetengeschmetter zu hören, das die Reisigen des Grafen erschallen ließen; und die Landleute, die in zahlreichen Gruppen aus den benachbarten Dörfern herbeiströmten, sahen, wie auf dem höchsten Turm der Feste das herrschaftliche Banner sich entrollte und im Winde flatterte.

Am Rand des Burggrabens hockend, hoch in den Baumwipfeln balancierend, über die Ebene schlendernd, auf den Hügelkuppen lagernd oder in dichter Reihe drüben die Landstraße säumend, hatten die Neugierigen schon fast eine Stunde auf das Schauspiel gewartet, und manche fingen schon an, die Geduld zu verlieren, als die Signalhörner zum zweiten Mal ertönten, Ketten rasselten, die Zugbrücke gemach sich über den Graben legte und die Fallgatter sich hoben, während die schweren Torflügel mit Ächzen sich regten und sperrangelweit sich auftaten, so daß man durch den Portalbogen hineinsah in den Burghof.

Die Menge drängte sich stürmisch auf einer jeden Erhebung im Gelände zusammen, die einen günstigen Auslug verhieß und einem erlaubte, in vollen Zügen den Anblick der gleißenden Rüstungen zu genießen, des prunkvollen Zaumzeugs, der ganzen prächtigen Heerschar des Grafen von Gómara, der landauf, landab berühmt war für seine Großzügigkeit und seinen Reichtum.

Den Zug eröffneten die Ausrufer, die hin und wieder stehenblieben, einen Trommelwirbel schlugen und lauthals den Erlaß des Königs verlasen, in dem dieser seine Lehnsmannen aufrief zum Krieg gegen die Mauren und zugleich die freien Städte und Dörfer ersuchte, seinen Mitstreitern Durchzug und Hilfe zu gewähren.

Den Ausrufern folgten, federgeschmückte Barette auf den Köpfen, die Herolde, stolz einherziehend in ihren seidenen Leibröcken, auf denen in goldglitzernder, bunt leuchtender Stickerei die Wappen prangten.

Dann kam, in voller Bewaffnung, auf einem rötlich schimmernden Rappen reitend, beidhändig das Panier mit den Wahlsprüchen und den Uradels-Insignien haltend, der Bannerträger des Hauses; und ihm zur Linken, in Schwarz und Rot gekleidet, der Scharfrichter, Anwalt und Vollstrecker der gräflichen Gerichtsbarkeit.

Dem Bannerträger voraus aber marschierten rund zwei Dutzend jener berühmten Trompeter vom flachen Land, die in den Chroniken unserer Könige gepriesen werden ob der unglaublichen Kraft ihrer Lungen.

Als das grelle, großmächtige Geschmetter der Trompeten nicht mehr die Luft erschütterte, ließ sich ein dumpfes, gleichmäßig stampfendes Dröhnen vernehmen. Es war das Fußvolk, die Schar der Söldner, bewaffnet mit langen Spießen und Lederschilden.

Hinter diesen kamen alsbald die Zeugmeister und Stückknechte mit dem Belagerungsgerät, den Mauerbökken, Schleudermaschinen und dem auf Rädern rollenden Wandelturm; Kolonnen von Leuten mit Sturmleitern und die Horde der Troßbuben und Saumtiertreiber.

Dann, umwölkt vom Staub, den die Hufe ihrer Pferde aufwirbelten, umzuckt vom Geblitze des Lichts, das von ihren eisernen Brustpanzern abprallte, zogen die Gewappneten der Burg vorüber, in dichten Rotten, die aus der Ferne aussahen wie ein Wald von Lanzen.

Schließlich, hinter den Paukenschlägern, die auf kräftigen, schabrackenbehängten, mit Federbüschen nickenden Maultieren ritten, erschien, umringt von seinen Pagen, die kostbare, goldbestickte Seidenwämser trugen, und gefolgt von den Knappen seines Hauses, der Graf in höchsteigener Person.

Bei seinem Anblick brach die Menge, ihn zu begrüßen, in ohrenbetäubenden Jubel aus, und im Tumult der unzähligen Stimmen ertrank der Aufschrei einer Frau, die im selben Moment, wie vom Blitz getroffen, umfiel und ohnmächtig in die Arme irgendwelcher Leute sank, die ihr beisprangen. Es war Margarita, Margarita, die ihren geheimnisvollen Liebhaber wiedererkannt hatte in dem hoch erhabenen, sehr gefürchteten Grafen von Gómara, einem der vornehmsten und mächtigsten Vasallen der Krone Kastiliens.

III

Das Heer von Don Fernando hatte Córdoba hinter sich gelassen und war nach einigen Tagesmärschen bis vor Sevilla gelangt – nicht ohne zuvor harte Kämpfe ausgefochten zu haben, bei Ecija, Carmona und Alcalá am Guadaira, wo man, sobald die berühmte Burg erstürmt war, das Feldlager aufschlug, die Stadt der Ungläubigen vor Augen.

Der Graf von Gómara saß im Zelt, auf einer Bank aus Lärchenholz, reglos, bleich, furchterregend, die Hände gekreuzt überm Knauf des Schlachtschwerts, die Augen stier geradeaus gerichtet, ins Leere starrend, geistesabwesend, wie jemand, der einen Gegenstand zu betrachten scheint und doch nichts wahrnimmt von alledem, was ihn umgibt.

Neben ihm stand der älteste Schildknappe seines Hauses, der einzige, der in solchen Stunden schwarzer Schwermut es wagen konnte, ihn anzusprechen, ohne einen Zornausbruch gewärtigen zu müssen.

„Was habt Ihr, Herr?“ fragte er. „Was für ein Übel quält Euch, verzehrt Euch? Traurig geht Ihr in die Schlacht, und traurig kehrt Ihr zurück, auch wenn Ihr den Sieg heimbringt. Wenn alle Krieger schlafen, erschöpft von den Strapazen des Tages, höre ich Euch stöhnen voller Bangnis, und eile ich herbei, an Euer Lager, sehe ich, wie Ihr ringt mit etwas Unsichtbarem, das Euch peinigt. Ihr schlagt die Augen auf, doch Euer Entsetzen schwindet nicht. Was setzt Euch zu, Herr? Sagt es mir. Wenn es ein Geheimnis ist – ich kann es für mich behalten, auf dem Grund meines Herzens, verschwiegen wie das Grab.“

Der Graf schien den Knappen nicht zu hören. Doch dann, nach einer ganzen Weile, als hätten die Worte all die Zeit gebraucht, um von seinem Gehör bis zu seinem Bewußtsein vorzudringen, löste er sich ganz allmählich aus seiner Erstarrung, zog den Diener vertrauensvoll zu sich her und sagte mit ernster, ruhiger Stimme:

„Allzu lange habe ich stillschweigend gelitten. Da ich glaubte, ein Wahngebilde treibe sein Spiel mit mir, habe ich bisher den Mund gehalten, aus Scham; aber nein, es ist keine Einbildung, was mir widerfährt. Irgendein schrecklicher Fluch muß mich heimsuchen. Der Himmel oder die Hölle müssen irgendwas von mir wollen, und sie künden es mir durch übernatürliche Geschehnisse an. Erinnerst du dich an den Tag, da wir auf der Ebene von Triana mit den Mauren aus Nebrija zusammenstießen? Wir waren nur eine Handvoll Leute. Erbittert wurde gekämpft, und fast wäre es mit mir aus und vorbei gewesen. Du hast es mit eigenen Augen gesehen: Als es auf Spitz und Knopf stand, bäumte sich mein Pferd, übel getroffen, blindwütig auf und raste geradewegs auf die Hauptmacht des maurischen Heeres zu. Mit allen Mitteln wollte ich es anhalten. Vergebens. Die Zügel bekam ich nicht mehr zu fassen, und das schäumende Tier stürmte mit mir dem sicheren Tod entgegen. Schon hatten die Mauren ihre Reihen geschlossen, hatten ihre langen Spieße am Boden aufgestemmt, die Spitzen schräg nach vorn, mir zum Empfang. Ein Hagelschauer von Pfeilen pfiff mir um die Ohren. Nur ein paar Schritte noch war das Pferd von der Eisenmauer entfernt, an der wir zerschellen sollten, als . . . Glaub mir: es war keine Einbildung. Ich sah eine Hand, die es am Zaum packte, es anhielt mit übernatürlicher Kraft, herumriß und zurückjagte zu meinen eigenen Mannen. So wurde ich wundersam gerettet. Vergebens fragte ich Hinz und Kunz nach meinem Retter. Keiner kannte ihn, keiner hatte ihn gesehen. ‚Wie Ihr auf die unheilstarrende Lanzenmauer zugerast seid', sagten sie mir, ‚da wart Ihr allein, mutterseelenallein. Deshalb hat es uns verwundert, als wir Euch kehrtmachen sahen. Wir wußten ja, daß das Roß dem Reiter nicht mehr gehorchte.' Die Sache trieb mich noch um, als ich an jenem Abend in mein Zelt trat. Das seltsame Abenteuer wollte mir nicht aus dem Kopf gehen, so sehr ich mich auch bemühte, die Erinnerung zu verscheuchen. Wie ich aber mein Lager aufsuchen wollte, sah ich dieselbe Hand wieder, eine schöne, helle, weiß schimmernde Hand, die mir die Bettvorhänge aufzog und sofort verschwand, als dies getan war. Seit jenem Tag sehe ich zu allen Stunden, an allen Orten, diese geheimnisvolle Hand, die meine Wünsche ahnt und meinem Tun zuvorkommt. Ich habe gesehen, wie ihre Finger, als wir die Burg von Triana erstürmten, einen Pfeil, der auf mich zuschwirrte, im

Flug erhaschten und in der Luft zerbrachen; habe gesehen, wie die Hand bei Gelagen, wenn ich meinen Kummer im Festestrubel ertränken wollte, mir Wein in den Becher goß; und immer ist sie mir vor Augen, und sie folgt mir, wohin ich auch gehe: ins Zelt, in die Schlacht, bei Tag, bei Nacht ... Da, jetzt, im Moment! Schau doch, schau sie dir an, hier, sanft auf meine Schulter gelegt!"

Bei diesen Worten sprang der Graf auf und ging hin und her, wie außer sich, von wildem Entsetzen erfaßt.

Der Schildknappe wischte sich eine Träne ab, die ihm über die Wange rann. Er glaubte, sein Herr sei verrückt geworden; versuchte aber nicht, ihm seine Vorstellungen auszureden, sondern sagte nur, mit erschütterter Stimme:

„Kommt ... Wir gehen ein Weilchen vors Zelt. Vielleicht erfrischt Euch die Abendbrise, wenn sie kühlend um die Schläfen streicht. Vielleicht lindert sie Eure unbegreifliche Qual, für die ich kein Wort des Trostes weiß."

IV

Das Heerlager der Christen erstreckte sich über die ganze Guadaira-Ebene, bis hin zum linken Ufer des Guadalquivir. Dem Lager gegenüber, scharf abgehoben vom lichtüberfluteten Horizont, ragten die Mauern von Sevilla auf, flankiert von zinnenbekrönten, mächtigen Türmen. Über den Kranz der Zinnen quoll das schwellende Grün der tausend Gärten dieser maurischen Stadt. Und aus den dunklen Laubmassen leuchteten schneeweiß die Söller hervor, die Minarette der Moscheen und der allesüberragende Wartturm, über dessen luftiger Brüstung die vier großen Goldkugeln, von den Strahlen der Sonne getroffen, gleißenden Glanz versprühten, so daß sie, vom Christenlager aus, wie vier lodernde Flammen wirkten.

Die Heerfahrt von Don Fernando, eine der heldenmütigsten, kühnsten Unternehmungen jener Zeit, hatte die berühmtesten Krieger aus den verschiedenen Königreichen der Halbinsel vereint, und auch mancher Ritter aus fernen, fremden Landen hatte sich, angelockt von der ruhmverheißenden Kunde, eingefunden, um dem frommen König nach Kräften beizustehen.

Verstreut über die ganze Ebene, waren deshalb Zelte von allerlei Formen und Farben zu sehen, über denen die verschiedensten Feldzeichen im Winde flatterten: Wimpel mit gespaltenem Wappenschild, mit Sternen, Greifen, Löwen, Ketten, Schrägbalken, Henkelgefäßen und hundert und aberhundert anderen heraldischen Figuren und Symbolen, die den Namen und den Rang ihrer Besitzer verkündeten. Durch die Gassen dieser über Nacht entstandenen Stadt wimmelten in dichtem Gedränge, dahin und dorthin strebend, unzählige Kriegsleute, die, in verschiedenen Sprachen parlierend, ein jeder gekleidet nach dem Brauch seiner Heimat und ein jeder bewaffnet nach persönlichem Belieben, einen seltsam kontrastreichen, malerischen Anblick boten.

Hier saßen einige Herren auf Feldstühlchen vor dem Zelteingang und erholten sich beim Brettspiel von den Mühsalen des Kampfes, während ihre Pagen ihnen den Wein in Zinnbechern kredenzten; dort nutzten ein paar Mannen vom Fußvolk die Mußestunde, um ihre Waffen wieder herzurichten, die beim letzten Treffen ramponiert worden waren; etwas abseits spickten die geschicktesten Armbrustschützen eine Zielscheibe mit Pfeilen, umtost vom Beifall der staunenden Menge; und das Gedröhn der Trommeln, das Geschmetter der Trompeten, das Gezeter der Marketender, das Gehämmer von Eisen auf Eisen, der

Gesang der Spielleute, die ihre Zuhörer mit Berichten von fabelhaften Heldentaten unterhielten, und das Geschrei der Ausrufer, welche die Befehle der Feldmeister bekanntgaben, erfüllten die Luft mit zahllosen schrill durcheinander schwirrenden Geräuschen und verliehen diesem kriegerischen Sittenbild eine wild bewegte Lebendigkeit, die sich mit Worten nicht wiedergeben läßt.

Der Graf von Gómara, begleitet von seinem treuen Knappen, ging mitten durch das muntere Treiben hindurch, ohne aufzublicken, wortlos, traurig, als ob kein Ding ihm ins Auge spränge und kein Geräusch an seine Ohren dränge. Mechanisch ging er, wie ein Schlafwandler, dessen Geist in der Traumwelt dahintreibt, sich bewegt und weiterwandert, ohne zu wissen, was er tut, als würde er mitgezogen von einem Willen, der nicht der seine ist.

In der Nähe des Königszeltes, umringt von vielen Kriegsknechten, Edelknaben und Troßbuben, die ihm mit offenem Munde lauschten und eilfertig dies und jenes von dem Plunder abkauften, den er mit hochtrabenden Worten anpries, zeigte sich ein seltsamer Mensch, halb Pilger, halb Spielmann, der mal eine Art Litanei in elendem Küchenlatein herleierte, mal eine Schnurre oder handfeste Posse von sich gab und sein unaufhörliches Gerede mit Witzen würzte, die einem hartgesottenen Bolzenschützen die Schamröte ins Gesicht treiben konnten, während die Gauklerzunge unbekümmert fortfuhr, fromme Heiligenlegenden mit Liebeshistörchen von spitzbübischer Pikanterie zu durchsetzen.

In den gewaltig aufgeblähten Satteltaschen, die ihm von der Schulter hingen, steckten in kunterbuntem Durcheinander tausend Sachen und Sächelchen: geweihte Bänder, mit denen man das Grabmal des heiligen Jakobus in

Santiago berührt hatte; Zettel, auf denen ein Gekritzel zu sehen war, das er als Hebräisch ausgab, als die nämlichen Worte, die der König Salomon einst bei der Grundsteinlegung des Tempels gesprochen habe und die einzigen folglich, die wirksam gegen Seuchen jeglicher Art hülfen; Tiegelchen voll Wunderbalsam, mit dem man halbierte Krieger zusammenleimen könne; Evangelientexte, als Amulette eingenäht in Brokatbeutelchen; Geheimmittel, die bewirken sollten, daß man geliebt wird von allen Weibsbildern; Reliquien von den Schutzheiligen sämtlicher Wallfahrtsorte Spaniens; Flitterkram, Kettchen, Gürtel, Medaillen und vielerlei anderer Krimskrams aus Messing, Glas und Blei.

Als der Graf sich der Ansammlung gaffender Menschen näherte, schickte sich der Pilgersmann gerade an, eine Art Mandoline oder arabische Gusla zu stimmen, auf der er sich selbst begleitete, wenn er seine Romanzen vortrug. Nachdem er in aller Seelenruhe die Spannung einer jeden Saite geprüft und korrigiert hatte, solange sein Gehilfe die Runde machte und den Zuhörern die letzten Scherflein aus der abgemagerten Geldkatze lockte, begann der Vagant mit näselnder Stimme und zu einer monotonen, klagenden Melodie eine Romanze zu singen, deren einzelne Strophen stets mit demselben Kehrreim endeten.

Der Graf merkte auf, trat näher und horchte genau zu. Es traf sich, anscheinend durch einen seltsamen Zufall, daß der Titel jenes Bänkelliedes ganz und gar den unheimlichen Vorstellungen entsprach, die sein Gemüt nicht zur Ruhe kommen ließen. Laut Ankündigung des Sängers vor Beginn seiner Darbietung, hieß das Lied *Die Romanze von der toten Hand.*

Als der Knappe diese befremdliche Ansage vernahm, bemühte er sich verzweifelt, seinen Herrn zum Weitergehen zu bewegen. Doch der Graf rührte sich nicht von der Stelle, starrte den Spielmann an und lauschte gebannt diesem Lied:

I

Einen Liebsten hat das Mädchen,
der gab als Knappen sich aus.
Der Knappe sagte, er ziehe
als Kriegsmann fort, zum Strauß.
„Fort gehst du . . . Kommst du auch wieder?"
„Gewiß, Schatz, komm ich nach Haus."
Der Liebste beschwört es laut,
und es lispelt Windesgesaus:
Verflucht, wer auf Sandgrund baut,
dem Wort eines Mannes traut!

II

Der Graf mit all seinen Mannen
zog aus der Burg in das Feld.
Sie, die sogleich ihn erkannte,
seufzt auf, erzittert und fällt:
„Er geht, ach, und meine Ehre,
die nimmt er fort in die Welt."
Die Weinende schaut und schaut,
und der Wind, der braust und gellt:
Verflucht, wer auf Sandgrund baut,
dem Wort eines Mannes traut!

III

Ihr Bruder, der stund daneben,
hat ihre Worte gehört.

„Du hast uns Schande bereitet."
„Er schwor, daß er wiederkehrt."
„Doch wird er dich nimmer treffen,
am üblichen Ort, entehrt."
Das arme Mädchen verröchelt,
und der Wind, er weint verstört:
Verflucht, wer auf Sandgrund baut,
dem Wort eines Mannes traut!

IV

Tot trug man sie hin zum Auwald,
begrub sie im Dämmerlicht;
doch soviel Erde man häufte,
die Hand bedeckte sie nicht:
die Hand mit dem Ring des Grafen,
dem Pfand seiner Liebespflicht.
Und nachts, überm Grab der Braut,
ein seufzender Windhauch spricht:
Verflucht, wer auf Sandgrund baut,
dem Wort eines Mannes traut!

Kaum hatte der Vagant die letzte Strophe zu Ende gesungen, da durchbrach der Graf die Mauer der dicht bei dicht stehenden Neugierigen, die ehrfürchtig beiseite gingen, sobald sie ihn erkannten, packte den Pilger heftig am Arm und fragte ihn leise, mit gepreßter, bebender Stimme:

„Aus welcher Gegend bist du?"

„Aus der Gegend von Soria", antwortete der Mann seelenruhig.

„Und wo hast du diese Romanze her? Auf wen bezieht sich die Geschichte, die du da erzählst?" fragte der andere drängend weiter, wobei seine Erregung sichtlich zunahm.

„Herr“, sagte der Pilger und schaute dem Grafen in die Augen, mit einem durchdringenden, unbeirrbaren Blick, „dieses Lied geht unter den Bauersleuten der Landschaft um Gómara von Mund zu Mund, und es bezieht sich auf ein unglückliches Mädchen, das grausam gekränkt wurde durch einen Mann von Macht. Gottes unerforschlicher Ratschluß ließ es geschehen, daß die Hand der Begrabenen noch immer aus der Erde ragt: die Hand, an die der Geliebte ihr einen Ring gesteckt hat, als er ihr ein Versprechen gab. Ihr wißt vielleicht, wer es noch zu erfüllen hat.“

V

In einem erbärmlichen Nest, irgendwo an der Landstraße, die nach Gómara führt, habe ich unlängst die Stelle gesehen, wo angeblich die merkwürdige Heirat des Grafen feierlich vollzogen wurde.

Kniend auf dem unscheinbaren Grab, soll er die Hand Margaritas fest umschlossen haben mit der seinen; ein Priester habe, eigens ermächtigt vom Papst, den unheimlichen Bund gesegnet – worauf das Wunder gewichen und die *tote Hand* für immer versunken sei.

Unter ein paar alten, mächtigen Bäumen sieht man ein Fleckchen Wiese, das alljährlich, wenn der Frühling kommt, ganz von alleine sich mit Blumen bedeckt. Die Leute aus der Gegend sagen, dort liege Margarita begraben.

DAS MISERERE
(Geistliche Legende)

Ein paar Monate ist es her, daß ich die berühmte Abtei in Fitero besuchte und beim Stöbern in der verwahrlosten Bibliothek, wie ich diese und jene Schwarte wälzte, irgendwo in der Ecke zwei oder drei verstaubte, ziemlich alte Notenhefte entdeckte, an denen schon die Mäuse genagt hatten.

Es war ein *Miserere.*

Ich verstehe nichts von Musik; aber mein Hang zu ihr ist so stark, daß ich, trotz aller Unkenntnis, manchmal nach einer Opernpartitur greife und stundenlang darin blättere, die Gruppierung der mehr oder minder dicht gedrängten Noten betrachte, die Linien, Halbkreise, Dreiecke und jene Schnörkel (ähnlich dem Krämer-Und), die man Schlüssel nennt. Und ich tue dies alles, ohne auch nur ein Jota zu begreifen, ohne den geringsten Nutzen daraus zu ziehen.

Getreu meiner närrischen Gewohnheit, sah ich auch diese Hefte durch; und das erste, was meine Aufmerksamkeit erregte, war das Faktum, daß – obwohl auf der letzten Seite das übliche lateinische Wort stand: *Finis* – dieses *Miserere* offenkundig unvollendet war; denn die Vertonung ging nur bis zum zehnten Vers.

Dies war es zweifellos, was zuallererst meine Aufmerksamkeit erregte; doch als ich mir dann die Notenblätter ein wenig genauer ansah, verblüffte mich noch mehr die Feststellung, daß statt der gängigen italienischen Bezeichnungen (wie *maestoso, allegro, ritardando, più vivo, a piacere*) in winziger Handschrift und in deutscher Sprache ein paar

Zeilen hineingekritzelt waren, die zum Teil höchst schwierige, kaum zu erfüllende Forderungen stellten. Zum Beispiel: „Es krachen . . ., krachen die Knochen, und wie aus dem Knochenmark sollen die Schmerzensschreie kommen." Oder: „Die Saiteninstrumente heulen auf, ohne Mißton; das Blech schmettert wie Donnerschlag, doch nicht ohrenbetäubend; so ertönt alles, und nichts wird verwischt, und alles ist Die Menschheit, die schluchzt und wimmert." Schließlich, unter dem letzten Vers, fand sich die originellste all dieser Anmerkungen; sie erteilte die Weisung: „Die Töne sind Knochen, von blühendem Fleisch umhüllt; feuriger, unauslöschlicher Glanz, die Himmel und ihre Harmonie . . ., Kraft! . . ., Kraft und Lieblichkeit."

„Wißt Ihr, was das hier ist?" fragte ich, nachdem ich diese Zeilen entziffert und mir den Sinn dieser Sätze, die sich wie das Gestammel eines Irren ausnahmen, halbwegs übersetzt hatte, einen taperigen Alten, der mich durch die Klosterbauten geleitete.

Und der Greis erzählte mir daraufhin die Legende, die ich euch nun wiedergebe.

I

Vor vielen Jahren, in einer finsteren Regennacht, kam ein Pilger ans Klostertor dieser Abtei und bat um ein bißchen Feuerholz, seine Kleider zu trocknen, um ein Stückchen Brot, seinen Hunger zu stillen, und um irgendeine Bleibe, wo er den Morgen erwarten könnte, um dann, sobald die Sonne wieder scheinen würde, weiter seines Wegs zu ziehen.

Den eigenen bescheidenen Abendimbiß, die eigene dürftige Lagerstatt und das Feuerchen, das er sich selber angezündet hatte, überließ der angesprochene Bruder dem Wandersmann, und nachdem sich der Fremde von seiner Erschöpfung erholt hatte, fragte der Pförtner ihn nach dem Zweck seiner Pilgerschaft, nach dem Ziel seiner Fußreise.

„Ich bin Musiker", antwortete der Befragte. „In einem fernen, fernen Land wurde ich geboren, und in meiner Heimat war ich einst ein gefeierter, hochberühmter Mann. In meiner Jugend machte ich aus meiner Kunst eine Waffe von verführerischer Macht und entfachte mit ihr Leidenschaften, die mich zu einem Verbrechen hinrissen. Jetzt, in meinem Alter, will ich die Fähigkeiten, die ich für Böses eingesetzt habe, in etwas Gutes verwandeln und mit demselben Vermögen, das ich zu meinem Verderben gebrauchte, nach meiner Erlösung streben."

Da die Worte des Unbekannten dem Laienbruder etwas undurchsichtig schienen und ihr rätselhaftes Dunkel seine Neugier weckte, die ihn dazu anstachelte, weitere Fragen zu stellen, fuhr der Fremde fort:

„Tief in meinem Herzen weinte ich über die Untat, die ich begangen hatte; aber wenn ich Gott anflehen wollte, sich meiner zu erbarmen, fand ich nie die rechten Worte, meine Reue auszudrücken – und da, eines Tages, fiel mein Blick zufällig auf eine Bibel. Ich schlug sie auf und gewahrte, auf irgendeiner Seite, einen ungeheuren Aufschrei wahrhaftiger Zerknirschung, einen Psalm Davids, den, der beginnt: *Miserere mei, Deus!* Seit dem Augenblick, da ich diese Strophen las, ist mein Denken nur noch auf eines gerichtet: eine musikalische Form zu finden, so großartig, so hochverfeinert, daß sie imstande wäre, den grandiosen Schmerzenshymnus des königlichen Propheten aufzunehmen. Noch habe ich sie nicht gefunden; aber wenn es mir gelingen sollte, das auszudrücken, was ich in meinem Herzen fühle, was ich verworren in meinem Kopfe höre, dann werde ich – dessen bin ich gewiß – ein *Miserere* schaffen, ein solch wunderbar überwältigendes *Miserere*, wie noch kein Menschenkind jemals eines gehört hat; so ergreifend, so herzzerreißend, daß die Erzengel schon beim ersten Akkord, Tränen in den Augen, sich an den Herrn wenden und mit mir sagen werden: *Misericordia!* – und der Herr sich seines armen Geschöpfes erbarmt."

Als der Pilger seine Geschichte soweit erzählt hatte, schwieg er ein Weilchen; dann stieß er einen Seufzer aus und nahm den Faden seiner Rede wieder auf. Der Laienbruder, einige Bedienstete der Abtei und zwei oder drei Hirten von der Meierei der Mönche hockten im Kreis um die Herdstatt herum und lauschten, ohne einen Mucks von sich zu geben.

„Nachdem ich nun", sagte der Fremde, „schon ganz Deutschland durchwandert habe, ganz Italien und den größten Teil eures Landes, das so reich ist an geistlicher Musik von höchstem Range, habe ich noch immer kein *Miserere* gehört, von dem ich mich inspirieren lassen könnte, nicht eines, nicht ein einziges, obwohl ich doch schon so viele gehört habe, daß ich behaupten kann, ich hätte alle gehört."

„Alle?" sagte da, ihm ins Wort fallend, einer der Schäfer. „Wetten, daß Ihr noch nicht das *Miserere der Berge* gehört habt?"

„Das *Miserere der Berge*!" rief der Musiker erstaunt. „Was für ein *Miserere* ist denn das?"

„Habe ich's nicht gesagt!" murmelte der Landmann und fügte dann in geheimnisvollem Ton hinzu: „Dieses

Miserere – das nur Leute meines Schlages gelegentlich zu hören kriegen, Leute, die bei Tag und Nacht hinter den Viechern herlaufen, durch Gefels und Gesträuch – ist eine Geschichte für sich, eine uralte Geschichte, und doch wahr, so unwahrscheinlich sie auch klingen mag. Die Sache ist die: Hoch droben in der unwirtlichsten Wildnis dieser Gebirgskette, die das Tal, in dem sich unsere Abtei befindet, gegen den Himmel abriegelt, stand vor vielen Jahren – ach, was quatsch' ich da von Jahren! –, vor vielen Jahrhunderten stand dort droben ein berühmtes Kloster, ein Kloster, das scheint's ein adeliger Herr gestiftet hatte, auf Kosten des Stammgutes, das für seinen Sohn bestimmt war; denn diesen hatte er noch auf dem Sterbebett enterbt, zur Strafe für seine Schandtaten. Soweit war alles schön und gut; aber die Sache ist die: Dieser Sohn, der nach allem, was sich im weiteren Verlauf der Geschichte noch zeigt, ein Satanskerl gewesen sein muß, falls er nicht gar der Teufel in Person war, scharte, sobald er erfuhr, daß sein Vermögen nun im Besitz der Mönche war und seine Burg sich in eine Kirche verwandelt hatte, etliche Banditen um sich, Spießgesellen seines Luderlebens, dem er sich nach der Abkehr vom Elternhaus verschrieben hatte; und eines Nachts, in der Nacht auf Gründonnerstag, als die Mönche sich im Chor befanden und gerade das *Miserere* anstimmen wollten oder schon angestimmt hatten, steckten die Schurken das Kloster in Brand, plünderten die Kirche, metzelten blindlings nieder, was ihnen in die Quere kam, und ließen angeblich nicht einen einzigen Ordensmann am Leben. Nach diesem greulichen Frevel verzogen sich die Banditen samt ihrem Rädelsführer – wohin, weiß kein Mensch; vielleicht schnurstracks in die Hölle. Das lichterloh brennende Kloster sank in Schutt und

Asche; von der Kirche blieb nur leeres Gemäuer stehen. Noch heute sieht man die Trümmer auf der Felsenkuppe, über der Quellhöhle des Wasserfalls, der von Klippe zu Klippe talwärts tost und dann das Flüßlein bildet, das hier an den Mauern des Klosters vorüberrauscht."

„Aber", unterbrach der Musiker ihn ungeduldig, „das *Miserere* – was ist mit dem?"

„Nur Geduld", sagte der Schäfer mit gespielter Behäbigkeit, „eins nach dem andern, immer schön der Reihe nach!"

Dann erzählte er weiter:

„Die Leute aus der Umgebung waren entsetzt und empört über das Verbrechen. Schaudernd haben an den langen Winterabenden die Eltern ihren Kindern davon berichtet, und die Kinder den Enkeln; was aber vor allem die Erinnerung daran wachhält, ist die Tatsache, daß man alljährlich in der Nacht, da einst das Kloster in Flammen aufging, Lichter durch die zerbrochenen Fenster der Kirche schimmern sieht; man hört etwas, das klingt wie eine seltsame Musik, wie schaurig düstere Gesänge, die ab und zu der Wind in Fetzen herübertreibt. Es sind die Mönche, die unvorbereitet starben, vielleicht mit Sünden behaftet vor den Richterstuhl Gottes gerufen wurden und nun noch immer aus dem Fegefeuer herkommen, um das *Miserere* zu singen und so seine Barmherzigkeit zu erflehen."

Die Zuhörer blickten einander an, mit ungläubigen Mienen; nur der Pilger, den die Geschichte heftig zu beschäftigen schien, fragte erregt den Mann, der sie erzählt hatte:

„Und Ihr sagt, daß dieses Wunder sich alljährlich wiederholt, bis zum heutigen Tag?"

„Binnen drei Stunden fängt es wieder an, ohne allen

Zweifel; denn gerade heute ist ja wieder die Nacht auf Gründonnerstag, und eben hat die Uhr der Abtei acht geschlagen."

„Wie weit ist es bis zu dem Kloster dort?"

„Knapp anderthalb Meilen . . . Aber was habt Ihr vor? Wohin wollt Ihr in solch einer Nacht?"

„Ihr seid von allen guten Geistern verlassen!" riefen alle, als sie sahen, daß der Pilger sich von der Bank erhob, nach seinem Stab griff und dem Kaminfeuer den Rücken kehrte, um zur Tür zu gehen.

„Wohin ich will? Ich will diese wunderbare Musik hören, das große, das wahre *Miserere*, das *Miserere* derer, die als Gestorbene zur Welt zurückkehren, wissend, was es heißt, in Sünde sterben."

Und mit diesen Worten entschwand er den Augen des entsetzten Laienbruders und der nicht minder bestürzten Hirten.

Der Wind brauste und rüttelte an den Türen, als ob eine Riesenhand sich mit aller Macht bemühte, sie aus den Angeln zu reißen; es goß in Strömen, prasselnd schlug der Regen gegen die Scheiben, und ab und zu erhellte das zuckende Licht eines Blitzes für einen Augenblick den ganzen Horizont, soweit dieser durchs Fenster zu sehen war.

Nach dem ersten Moment fassungslosen Erstaunens sagte der Bruder Pförtner:

„Der ist verrückt!"

„Der ist verrückt!" echoten die Hirten, stocherten in der Glut, daß das Feuer wieder aufflackerte, und rückten dicht zusammen, rings um die Herdstatt.

II Nach einem Marsch von ein oder zwei Stunden gelangte der seltsame Mensch, den die Leute in der Abtei für verrückt erklärten, immer flußauf dem Wildwasser folgend, das der erzählfreudige Schäfer erwähnt hatte, zu der Stelle, wo schwarz und imposant die Ruinen des Klosters emporragten.

Der Regen hatte aufgehört; die Wolken trieben dahin in düsteren Schwärmen, durch deren zerschlissene Bahnen manchmal verstohlen ein Strahl fahlen, zweifelhaften Lichtes herabrann; und wenn der Wind die mächtigen Stützpfeiler rammte und durch die verödeten Kreuzgänge raste, klang es, als stieße er wieder und wieder ein Stöhnen aus. Dennoch: nichts Übernatürliches, nichts Außergewöhnliches stachelte die Phantasie. Demjenigen, der schon mehr als eine Nacht unterm kargen Obdach eines halbverfallenen Turmes oder einer verlassenen Burg verbracht und auf seiner langen Pilgerfahrt hundert und aberhundert Unwettern die Stirn geboten hatte, waren all diese Geräusche wohlvertraut.

Die Wassertropfen, die durch die Risse der geborstenen Gewölbebogen sickerten und platschend auf die Bodenplatten fielen, platzend in immer gleichem Takt, regelmäßig wie der Pendelschlag einer Uhr; die Rufe des Uhus, der geduckt unterm steinernen Heiligenschein einer noch stehenden Statue hockte und die Höhlung der Mauernische mit dem Hall des Unheils erfüllte; das Geraschel von Reptilien, die aufgeschreckt, vom Sturm aus ihrer Trägheit gerissen, unförmige Köpfe aus den Schlupflöchern streckten, in denen sie gedöst hatten, oder herumkrochen zwischen den Mauer-Rauken und Brombeerranken, welche zu Füßen des Altars wucherten, aus den

Ritzen zwischen den Grabplatten, die den Bodenbelag der Kirche bildeten – all dieses seltsame, geheimnisvolle Rumoren der Natur, der Einsamkeit und der Nacht drang vernehmlich ans Ohr des Pilgers, der sich auf die verstümmelte Gestalt einer Totenskulptur gesetzt hatte und begierig die Stunde erwartete, in der das Wunder sich ereignen sollte.

Zeit verstrich und verstrich, und nichts war zu bemerken: jene tausend verworrenen Geräusche ertönten immerfort, verflochten sich wechselnd auf tausenderlei Weisen und waren doch immer die gleichen.

‚Ob man mich wohl zum Narren gehalten hat?' dachte der Musiker; doch in diesem Augenblick war ein neues Geräusch zu hören, das unerklärlich schien an diesem Ort, ein Geräusch, wie es eine Uhr wenige Sekunden vor dem Stundenschlag von sich gibt: ein Rasseln von rollenden Rädern, von Ketten, die sich straffen, von einer Maschinerie, die sich anschickt, ihre rätselhafte mechanische Lebenskraft in Tätigkeit umzusetzen, und es erklang ein Glockenschlag . . ., zwei . . ., drei . . ., bis elf.

In dem zerstörten Gotteshaus gab es keine Glocke, keine Uhr, nicht einmal einen Turm.

Noch war der letzte Glockenschlag, schwächer werdend von Widerhall zu Widerhall, nicht völlig verklungen; noch konnte man seine Schwingungen in der zitternden Luft verspüren, als allmählich die granitenen Thronhimmel, welche die Statuen beschirmten, die Marmorstufen der Altäre, das Quaderwerk der Spitzbogen, die durchbrochenen Brüstungen des Chores, die Kleeblattgirlanden am Kranzgesims, die schwarzen Mauerpfeiler, der Fußboden, die Gewölbe von selbst zu leuchten begannen, ohne daß eine Fackel, eine Kerze oder eine Lampe zu sehen war, von der diese ungewöhnliche Helligkeit hätte ausgehen können.

Die ganze Kirche wirkte wie ein Skelett, aus dessen gelben Gebeinen phosphorige Gase strömen, ein Brodem, der schwelend schimmert in der Dunkelheit als ein bläulich waberndes, furchterregendes Licht.

Alles schien sich zu beleben, aber mit Bewegungen, die an einen galvanischen Schock denken ließen, an die krampfhaften, dem Tode abgenötigten Zuckungen, die das Leben karikieren; alles wurde erfaßt von Sekundenregungen, die noch entsetzlicher waren als die Starrheit des Leichnams, der plötzlich sich regt, bewegt von unbekannten Kräften. Steine fügten sich mit Steinen zusammen; der Opfertisch, dessen zertrümmerte Bestandteile zuvor in wüstem Durcheinander herumgelegen hatten, richtete sich auf und stand makellos da, als ob die Künstlerhand des Steinmetzen daran soeben den letzten Meißelschlag getan hätte; und zur gleichen Zeit wie der Altar erhoben sich die eingestürzten Kapellen, die zerbrochenen Kapitäle und die zerstückten Reihen unzähliger Bogen, die sich mit spielerischer Phantasie überkreuzten und verknüpften und mit ihren Säulen einen unermeßlichen Irrgarten aus Porphyr bildeten.

Kaum war der Tempel wieder erstanden, ließ sich aus der Ferne ein Akkord vernehmen, den man mit dem Brausen des Windes hätte verwechseln können; doch es war der Zusammenklang ferner und ernster Stimmen, ein Chor, der im Schoß der Erde zu singen und ganz allmählich aus der Tiefe heraufzukommen schien, so daß er immer deutlicher zu hören war.

Der verwegene Pilger bekam es mit der Angst zu tun; aber noch widerstritt dieser Angst sein fanatisches Verlangen nach dem Ungewöhnlichen, nach allem Wunderbaren; und ermutigt durch diese Begier, verließ er das Grabmal, auf dem er ausgeruht hatte, und beugte sich über den Rand der Felswand, aus deren Gestein der Wildbach entsprang und mit stetem, schaudererregendem Donnergetöse in die Tiefe stürzte. Und da sträubten sich dem Manne die Haare.

Spärlich umhüllt mit den zerfetzten Resten ihrer Ordensgewänder, bedeckt mit durchlöcherten Kapuzen, unter deren Faltengeschlotter die weißen Zähne entfleischter Kiefer grell kontrastierten mit den dunklen Augenhöhlen ihrer Totenschädel, tauchten die Skelette all der Mönche, die man übers Steingeländer in den Abgrund geworfen hatte, aus den Wassern auf, verkrallten sich mit den langen Fingern ihrer Knochenhände in den Felsspalten, kletterten über die Klippen, bis sie oben die Kante berührten, wobei sie mit gedämpfter Grabesstimme, doch mit dem Ausdruck herzzerreißenden Schmerzes den ersten Vers von Davids Psalm sprachen:

Miserere mei, Deus, secundum magnam misericordiam tuam!

Als die Mönche zum Säulengang der Kirche gelangt waren, stellten sie sich in einer Doppelreihe auf und gingen hinein in das Gotteshaus und knieten nieder im Chor, wo sie – mit erhobener, feierlicher Stimme – die weiteren Verse des Psalmes sangen. Und im Rhythmus ihres Gesanges erscholl eine Musik: diese Musik war das ferne Grollen des Donners, der kollernd davonzog, nachdem das Gewitter vorüber war; sie war das Seufzen des Windes, der in den Höhlungen der Bergwand stöhnte; sie war das monotone Rauschen des Wasserfalls, der über die Felsen stürzte, und das Sickern des einzelnen Wassertropfens, und der Ruf des Uhus in seinem Schlupf, und das leise Geraschel der ruhlosen Reptilien. All dies war die Musik, und noch etwas, das nicht erklärbar und kaum vorstellbar ist; noch etwas, das wie der Hall einer Orgel wirkte, einer Orgel, welche den gewaltigen Bußhymnus des königlichen Psalmisten Vers für Vers begleitete, mit Tönen, mit Akkorden, die so gewaltig waren wie seine ungeheuren Worte.

Die heilige Handlung dauerte an; der Musiker, der ihr beiwohnte, hingerissen und schreckgelähmt, wähnte sich außerhalb der wirklichen Welt, glaubte, er weile in der phantastischen Region des Traumes, wo alle Dinge ein befremdliches, unheimliches Gesicht zeigen.

Ein fürchterliches Beben riß ihn aus der Benommenheit, die all seine Geisteskräfte niedergehalten hatte. Seine Nerven flatterten, taumelten im tollwütigen Tanz der Erdstöße, seine Zähne klapperten, geschüttelt von einem Zittern, das er nicht unterdrücken konnte, und Eiseskälte durchdrang ihn, bis ins Mark seiner Knochen.

Die Mönche sangen in diesem Augenblick jene schrecklichen Worte des *Miserere*:

In iniquitatibus conceptus sum: et in peccatis concepit me mater mea.

Als dieser Vers erscholl und sein Widerhall dröhnend von Gewölb zu Gewölb geworfen wurde, erhob sich ein gräßliches Geschrei, das wie ein einziger Schmerzensschrei klang, ausgestoßen von der gesamten Menschheit im Angesicht ihrer eigenen Verderbtheit; ein grauenhafter Schrei, in dem alles Jammern des Unglücks, alles Heulen der Verzweiflung, alles Lästern der Gottlosigkeit sich vereinte; ein scheußliches Konzert, triftiger Herzensausdruck derer, die in Sünde leben und gezeugt wurden aus sündigem Samen.

Der Gesang ging weiter, bald todtraurig und tief, bald einem Sonnenstrahl gleich, der das dunkle Gewölk eines Unwetters durchbricht, so daß einem Schreckensblitz ein Blitz aufzückenden Jubels folgte, bis endlich, dank einer jähen Verwandlung, die ganze Kirche erstrahlte, in himmlisches Licht getaucht. Die Gebeine der Mönche umkleideten sich mit dem Fleisch ihrer lebenden Leiber; eine lichte Aureole umschimmerte ihre Stirnen; die Kuppel barst, und durch sie hindurch sah man den Himmel als einen Ozean der Klarheit, aufgetan dem Blick der Gerechten.

Die Seraphim, die Erzengel und die Engel und alle himmlischen Heerscharen begleiteten mit einem frohlokkenden Lobgesang den Vers, der nun emporstrudelte zum Thron des Herrn wie ein wonniglicher Wirbelsturm, wie eine riesige Spirale wohlklingenden Weihrauchs:

Auditui meo dabis gaudium et laetitiam: et exutabunt ossa humiliata.

Da blendete die gleißende Helle die Augen des Pilgers, in seinen Schläfen pochte es heftig, es sauste in seinen Ohren, und bewußtlos stürzte er zu Boden, konnte nichts mehr hören.

III Am nächsten Tag sahen die friedfertigen Mönche der Abtei Fitero, denen der Laienbruder Meldung erstattet hatte von dem seltsamen Besuch in der letzten Nacht, den fremden Pilger durchs Tor hereinkommen: blaß im Gesicht, wie außer sich.

„Habt Ihr endlich das *Miserere* gehört?“ fragte ihn, mit leicht ironischer Tönung, der Pförtner, wobei er seinen Oberen einen Blick heimlichen Einverständnisses zuwarf.

„Ja", antwortete der Musiker.

„Und was haltet Ihr davon?"

„Ich werde es schreiben. Gewährt mir ein Obdach" – sagte er, zum Abt gewandt –, „Obdach und Brot für ein paar Monate, und ich werde euch ein unsterbliches Kunstwerk hinterlassen, ein *Miserere*, das meine Sünden tilgt vor den Augen des Herrn, mir ein ewiges Angedenken sichert und somit auch den Namen dieser Abtei verewigt."

Aus Neugier rieten die Mönche dem Abt, der Bitte des Fremden zu willfahren. Aus Mitleid gab der Abt, obwohl er den Mann für einen Irren hielt, schließlich seinem Wunsche statt; der Musiker machte sich, sobald er im Kloster sein Quartier hatte, ans Werk.

Tag und Nacht arbeitete er mit nie ermüdendem Eifer. Mitten in seinem rastlosen Tun hielt er manchmal inne, und es schien, als lauschte er auf etwas, das in seiner Phantasie ertönte, und seine Augen weiteten sich, er fuhr auf vom Sitz und rief:

„Das ist's! So, genau so, kein Zweifel ..., genau so!" Und er schrieb weiter, schrieb seine Noten, mit einer fieberhaft rasenden Geschwindigkeit, die den Mönchen, welche ihn insgeheim beobachteten, oftmals Anlaß zum Staunen und zur Bewunderung gab.

Er komponierte die Eingangsverse, und dann die nächsten, bis hin zur Mitte des Psalms; doch wie er bei den Worten war, die er als letzte im Gebirge droben gehört hatte, kam er nicht mehr weiter.

Er machte einen Entwurf, einen zweiten, machte hundert, zweihundert Entwürfe – alles vergeblich. Seine Musik glich nicht der Musik, die er schon aufgezeichnet hatte; und der Schlaf mied seine Wimpern, der Appetit kam ihm abhanden, das Fieber bemächtigte sich seines Kopfes, und er wurde wahnsinnig und starb schließlich über dem unvollendeten *Miserere*, das die Mönche nach seinem Tode als Absonderlichkeit aufbewahrten im Archiv der Abtei, wo es noch heute vorhanden ist.

Als der taperige Alte, der mir diese Geschichte erzählte, damit zu Ende gekommen war, konnte ich nicht anders – ich mußte noch einmal die alte, verstaubte Handschrift betrachten, dieses *Miserere*, das noch immer aufgeschlagen auf einem der Tische lag.

In peccatis concepit me mater mea . . .

Diese Worte standen auf der Seite, die ich vor Augen hatte und die mich zu verhöhnen schien, mit ihren Noten, ihren Schlüsseln, ihren Schnörkeln – unverständlich allesamt für einen, der nichts von Musik versteht.

Sie lesen zu können – dafür hätte ich eine Welt hingegeben.

Vielleicht ist es nichts als verrücktes Zeug, wer weiß!

DER BILDSTOCK MIT DEM TOTENKOPF
(Legende aus Toledo)

I

Der König von Kastilien rüstete zum Feldzug gegen die Mauren, und die Blüte des Adels, alles, was Rang und Namen hatte in seinen Landen, war zu den Waffen gerufen worden, zum Kampf gegen die Feinde des Glaubens. Die stillen Gassen Toledos hallten bei Tag und bei Nacht vom kriegerischen Gelärm der Pauken und der Trompeten, und es verging keine Stunde, ohne daß man vom moriskischen Bisagra-Tor, vom Valmardón-Tor oder vom anderen Ende der alten San-Martín-Brücke her die heiseren Rufe hörte, mit denen die Wächter die Ankunft irgendeines Ritters verkündeten, der – voraus das Panier, hinterdrein ein Gefolge von Reitern und Fußsoldaten – anrückte, um sich der Hauptmacht des kastilischen Heeres anzuschließen.

Die letzten Tage vor dem Aufbruch, in denen die königlichen Kriegsscharen vollends zusammengestellt und ausstaffiert wurden, verrauschten im Trubel öffentlicher Festlichkeiten, üppiger Gelage und glanzvoller Turniere, bis schließlich der Vorabend jenes vorherbestimmten Tages gekommen war, an dem das Heer nach dem Willen des Herrschers ins Feld ziehen sollte, der Grenze entgegen; der Vorabend, für den ein letzter Empfang anberaumt war, als Abschluß der Lustbarkeiten.

An diesem Festabend bot der königliche Alcázar ein einzigartiges Bild. In den weiträumigen Burghöfen war, rings um riesige Lagerfeuer geschart oder regellos verstreut und durcheinanderschwärmend, eine buntscheckige Menge von Pagen, Söldnern, Armbrustschützen und

Troßknechten zu sehen – Pferde striegelnd und Waffen herrichtend für den Kampf; mit Jubelschreien oder Verwünschungen die Wechselfälle des Glücks begrüßend, das aus dem Würfelbecher rollte; im Chor den Kehrreim einer Heldenromanze singend, die ein Spielmann vortrug und auf der Gusla begleitete; feilschend mit einem Pilger, der Muscheln, Kreuze und geweihte Bänder aus Santiago verkaufte; oder lachend, wie übergeschnappt, in schallenden Salven, über die Witze eines Possenreißers; auf der Trompete das besondere Sturmsignal des eigenen Haufens übend; alte Geschichten von Rittertugend und Liebesabenteuern oder jüngst geschehene Mirakel erzählend – in einem höllischen, ohrenbetäubenden Tohuwabohu, das sich mit Worten nicht schildern läßt.

Über diesem Ozean aus Kriegsgesängen, Hammerschlägen, die auf Ambosse wetterten, Feilengekreisch, das sich in Stahl einfraß, Hufgetrappel tänzelnder Rosse, nimmerendendem Gelächter, rabiaten Schreien, verrutschten Instrumententönen, Fluchen, Gilfen und Scheppern schwebten zuweilen, als wehte eine Brise von Wohlklang drüber hin, die fernen Akkorde der Festmusik.

Das Fest selber jedoch, das in den Sälen des Obergeschosses stattfand, bot seinerseits ein Bild, das zwar nicht so phantastisch wirkte, nicht so bizarr, dafür aber um so lichter, herrlicher, prächtiger anmutete.

Durch die weiten Wandelgänge, die nicht enden wollten und ein verwirrendes Labyrinth bildeten aus schlanken Pilastern und durchbrochenen, luftig leichten, wie geklöppelten Spitzbogenmustern; durch die geräumigen Säle, ausgeschlagen mit Gobelins, auf denen die Seide und das Gold in tausend verschiedenen Farbtönen Szenen der Liebe, der Jagd und des Krieges darstellten; durch Hallen, geschmückt mit erbeuteten Waffen und Schilden, über die unzählige Lampen und Kandelaber aus Bronze, Silber und Gold eine Flut von funkensprühendem Licht ergossen, aus den hohen Gewölben herab und von den mächtigen Quadermauern herunter; durch all diese Räume, wohin auch die Augen sich wandten, wogte in flimmerndem Gewimmel, mal dahin, mal dorthin schweifend, eine Wolke schöner Damen in goldüberglänzten Gewändern, mit Perlnetzen, die ihre Locken gefangenhielten; Rubingeschmeiden, die dunkel glühend überm Busen funkelten; Federn, die ein duftiges Rad schlugen und – festgehalten vom Fächergriff aus Elfenbein – an der gefälteten Manschette schaukelten; Halskrausen aus weißen Spitzen, die zärtlich die Wangen umschmeichelten. Dazwischen muntere Schwärme von Galanen mit Wehrgehängen aus Samt, Wämsern aus Brokat, Strümpfen aus Seide und Schuhen aus Saffian; mit Kurzmänteln – umflattert von langen Schlenkerärmeln –; mit spitzen Kappen, Filigrandolchen und blankgeputzten, federleichten, kieldünnen Galadegen.

Doch inmitten all dieser strahlenden, blendenden Jugend, welche die alten Leute, in hochlehnigen Lärchenholzsesseln rings um die königliche Estrade sitzend, vergnügt beobachteten und mit einem Lächeln an sich vorüberziehen ließen, lenkte ein weibliches Wesen die Augen aller auf sich: ein Fräulein von unvergleichlicher Schönheit, das bei allen Turnieren, bei allen Minnehöfen jener Zeit zur Königin gekürt wurde. Die Stammfarben dieser Schönen waren von den kühnsten Rittern zum eigenen Feldzeichen gewählt worden; ihre Reize waren Gegenstand der Rühmung in den Liedern der fahrenden Sänger, der berühmtesten Meister in der Fröhlichen Wissenschaft des Minnesangs; und mit Staunen hatten sich nunmehr alle Blicke ihr zugekehrt: ihr, um deretwillen insgeheim alle Herzen seufzten, und um die sich jetzt beflissen, wie demütige Vasallen ihrer Herrin nahen, die erlauchtesten Sprößlinge des toledanischen Adels scharten, der sich vollzählig an jenem Abend zum Abschiedsfest versammelt hatte.

Keiner der hoffnungsvollen Verehrer, die das ständige Gefolge von Doña Inés de Tordesillas bildeten – so nämlich lautete der Name dieser gefeierten Schönheit –, ließ sich jemals durch das stolze, abweisende Wesen der Angebeteten entmutigen. Fühlte sich der eine durch ein Lächeln bestärkt, das er als Aufblinken in ihren Augen erspäht zu haben meinte, so sog der andere verheißungsvollen Trost aus irgendeinem hingeworfenen Schmeichelwort, einem winzigen Gunsterweis oder einem Versprechen von ehedem, und ein jeder baute in der Stille darauf, daß er eines Tages der Erkorene sein würde. Dennoch gab es im Kreis der Prätendenten zweie, die sich durch besondere Ausdauer und Hingabe im Minnedienst hervortaten, zweie, die, wie es schien, wenn nicht als ihre Günstlinge, so doch als diejenigen angesehen werden durften, die auf dem langen Weg zu ihrem Herzen schon am weitesten vorgerückt waren. Diese zwei Caballeros, die einander ebenbürtig waren (im Sinn des angestammten Ranges wie der Tapferkeit und der noblen Bildung von Leib und Geist), die ein und demselben König dienten und um die Hand ein und derselben Dame warben, hießen Alonso de Carrillo und Lope de Sandoval.

Beide waren in Toledo zur Welt gekommen, gemeinsam hatten sie das Waffenhandwerk erlernt und an ein und demselben Tag waren sie, als ihre Augen dem Blick von Doña Inés begegneten, von dem Gefühl überwältigt worden, eine Liebe erglühe in ihnen, eine Liebe, die zunächst im verborgenen keimte, aber schließlich nach außen drang und ungewollt sich in ihrem Tun und Reden zu erkennen gab.

Bei den Turnieren auf der Plaza de Zocodover, beim poetischen Wettstreit der „Blumenspiele“ am Königshof, wann immer sich ihnen Gelegenheit geboten hatte, einander auszustechen durch Mannhaftigkeit oder Witz, hatten beide Caballeros diese Chance mit Feuereifer ergriffen, aus der Begierde, sich vor den Augen ihrer Dame hervorzutun; und in dieser Festnacht nun, da sie, sicherlich ein und demselben Antrieb folgend, den Eisenhelm mit dem Federbarett, das Kettenhemd mit dem Brokat und der Seide vertauscht hatten und dicht bei dem Sessel standen, in dem sie zurückgelehnt saß und sich ein Weilchen ausruhte, nachdem sie einen Rundgang durch all die Säle gemacht hatte, fingen die beiden ein Scharmützel an, ein elegantes Gefecht der geistreichen Galanterien und der verkappten Stichelei mit feingeschliffenen Epigrammen.

Die kleineren Gestirne dieser brillanten Konstellation, die einen goldenen Halbkreis um die beiden Galane bildeten, lachten und befeuerten die Lust am tändelnd zustoßenden Spott, und die Schöne, um deren Gunst es bei diesem Turnier der Worte ging, bezeigte durch ein fast unmerkliches Lächeln ihr Wohlgefallen an den charmanten oder mit boshaften Anspielungen gespickten Sentenzen, die über die Lippen ihrer Verehrer kamen – mal aufwallend wie eine leichte Duftwelle, die ihrer Eitelkeit schmeichelte, mal hervorflitzend wie ein spitzer Pfeil, der die verwundbarste Stelle des Gegners suchte, um sie zu durchbohren: seine Eigenliebe.

Schon wurde der höfische Schaukampf der scharfsinnigen und anmutig behenden Zungenfechter zunehmend härter; die Sätze waren zwar noch immer höflich formuliert, aber sie klangen jetzt knapp, trocken; und verzogen sich auch die Lippen, die diese Worte aussprachen, ein bißchen, daß es aussah wie ein Lächeln, so verriet doch ein gewisses Aufblitzen in den Augen, das sich nicht verhüllen läßt, daß verhaltene Wut in der Brust beider Rivalen kochte.

Die Spannung, die in der Luft lag, war unerträglich. Die Dame empfand es so; sie erhob sich vom Sessel und wollte sich wieder in die Wandelhallen begeben, als ein neuer Zwischenfall die Schranken des Anstands, welche die beiden verliebten Jünglinge bis dahin respektiert hatten, jählings einriß. Vielleicht mit Absicht, vielleicht aus Achtlosigkeit hatte Doña Inés einen der parfümierten Handschuhe, von denen sie – nur so zum Spaß – einen goldenen Knopf nach dem anderen abriß, auf ihrem Schoß liegen lassen. Wie sie nun aufstand, glitt der Handschuh zwischen den weiten Seidenfalten herab und fiel auf den Teppich. Augenblicklich bückten sich all die Caballeros ihres persönlichen Hofstaats, um ihn aufzuheben; denn keiner gönnte dem anderen die Ehre, mit einem kleinen Kopfnikken für die Aufmerksamkeit belohnt zu werden.

Als sie die Hast gewahrte, mit der alle buckelten, kräuselte ein knappes Lächeln befriedigter Eitelkeit die Lippen der stolzen Doña Inés, die nach einer flüchtigen, all den diensteifrigen Herren zugedachten Grußgeste hocherhobenen Hauptes, fast ohne hinzusehen, ihre Hand ausstreckte, um den Handschuh entgegenzunehmen – in der Richtung ungefähr, wo Alonso und Lope sich befanden, die als erste zur Stelle waren.

In der Tat: die beiden Jünglinge hatten gesehen, wie

ihnen der Handschuh direkt vor die Füße fiel; beide hatten sich blitzschnell gebückt, und wie sie sich aufrichteten, hatte jeder von ihnen ein Ende davon in der Hand. Als die Dame sie starr dastehen sah, wortlos sich gegenseitig herausfordernd mit trotzigem Blick, beide entschlossen, den Handschuh nicht loszulassen, den sie soeben vom Boden aufgehoben hatten, stieß sie unwillkürlich einen kurzen Schrei aus, der im Gemurmel der bestürzten Zuschauer unterging. Diese spürten, daß es zu einer wüsten Szene kommen würde, die hier im Alcázar, in Gegenwart des Königs, als ein Akt schlimmer Unehrerbietigkeit aufgefaßt werden könnte.

Trotzdem gaben Lope und Alonso nicht nach; unverrückt blieben sie stehen, stumm, sich gegenseitig musternd, von Kopf bis Fuß, ohne daß der Sturm, der in ihnen tobte, sich in etwas anderem kundtat als einem nervösen Zittern, das ihre Glieder leicht erschauern ließ, als wären sie plötzlich von einem Fieber befallen worden.

Das Stimmgewirr der geraunten, gezischelten und lauthals erteilten Beschwichtigungen und Warnungen schwoll ständig an; die Leute umdrängten schon die beiden Akteure; Doña Inés lief – sei es aus Kopflosigkeit oder weil es ihr Spaß machte, die Szene in die Länge zu ziehen – hin und her und im Kreis herum, als suchte sie einen Winkel, in den sie flüchten könnte vor den Blicken der Leute, die in immer größerer Anzahl herzueilten. Die Katastrophe war unabwendbar; die beiden Jünglinge hatten schon mit gepreßter Stimme ein paar Worte gewechselt, und während sie mit der einen Hand den Handschuh krampfhaft umklammerten, schienen sie mit der anderen bereits instinktiv nach dem Goldknauf des Degens zu greifen, als auf einmal der Zuschauerring sich öffnete, die

Menge ehrfürchtig eine Gasse bildete und der König erschien.

Seine Stirn war heiter; keine Empörung stand in seinem Gesicht; kein Zorn sprach aus seiner Gebärde.

Er ließ einen Blick rundum gehen, und dieser eine Blick ließ ihn klar erkennen, was da im Gange war. Mit all der Liebenswürdigkeit eines wohlgebildeten Edelknaben nahm er den Handschuh aus den Händen der Caballeros, die mühelos, als schnellte eine Feder, sich auftaten, sobald sie die Berührung der Fürstenhand spürten. Und sich umwendend zu Doña Inés de Tordesillas, die, auf den Arm einer Zofe gestützt, dastand, als wäre sie einer Ohnmacht nahe, sagte er, ihr den Handschuh reichend, in zwar mildem, aber doch bestimmtem Ton:

„Nehmt ihn, edles Fräulein, und paßt auf, daß Ihr ihn nicht nochmal fallen laßt, bei nächster Gelegenheit, wo Ihr ihn vielleicht besudelt zurückbekommt, mit Blut befleckt."

Als der König diesen Satz ausgesprochen hatte, war Doña Inés – schwer zu sagen, ob vor Aufregung oder aus dem Bedürfnis, sich noch mit einiger Eleganz aus der Affäre zu ziehen – bewußtlos in die Arme der Umstehenden gesunken.

Alonso und Lope – der eine stumm das Samtbarett zwischen seinen Fingern zerknautschend, der andere sich auf die Lippen beißend, daß das Blut hervorquoll – durchbohrten sich gegenseitig mit einem ingrimmigen, unversöhnlichen Blick.

Ein derartiger Blick in einer solchen Lage bedeutete soviel wie ein Backenstreich, wie ein mitten ins Gesicht geschleuderter Handschuh, wie eine Herausforderung auf Leben und Tod.

II Als es Mitternacht wurde, zog sich das Königspaar in seine Gemächer zurück. Das Fest war zu Ende, und die schaulustigen Leute aus dem gemeinen Volk, die schon längst mit Ungeduld diesen Augenblick erwartet und in Gruppen und Grüppchen auf den Zufahrtstraßen geplaudert hatten, postierten sich nun eiligst am Schloßhang, bei den Miradores und auf der Plaza de Zocodover.

Ein oder zwei Stunden herrschte in allen benachbarten Gassen ein tolles Getöse, ein übermütiger, unbeschreiblicher Trubel. Überall sah man Schildknappen sich tummeln auf tänzelnden, prunkvoll gezäumten Rossen, sah Herolde vorüberziehen in feierlichen Prachtgewändern, über und über bestickt mit Wappen und Emblemen, knallbunt gekleidete Paukenschläger, Söldner in gleißenden Harnischen, Pagen mit kurzen, nur bis zum Gürtel reichenden Samtmäntelchen und federgeschmückten Baretten, Diener, die zu Fuß vor den fürstlich drapierten Sänften einhergingen, mit großen, flackernden Fackeln, in deren rötlichem Schein man die dicht gedrängten Menschen am Straßenrand sehen konnte, wie sie verblüfft, mit halb geöffneten Lippen und weit aufgerissenen Augen das beste Aufgebot des kastilischen Adels bestaunten, der sich an diesem besonderen Tag in sagenhaftem Prunk und Pomp präsentierte.

Dann verebbten allmählich der Lärm und das lebhafte Treiben; der Schimmer hinter den farbigen, hohen Spitzbogenfenstern des Schlosses erlosch; der letzte Reitertrupp zog zwischen den gaffenden Massen hindurch; die Bürger begannen auseinanderzulaufen und verloren sich im verworrenen Duster eines Labyrinthes aus lauter unbeleuchteten, engen, verwinkelten Gassen; und nichts mehr störte die tiefe Stille der Nacht, außer dem fernher hallenden Ruf eines Wachtpostens, den einsam klappernden Schritten irgendeines Gucklüsternen, der als letzter nach Hause ging, oder dem Riegelgekreisch, mit dem da und dort eine Tür abgesperrt wurde, als auf der Freitreppe, die zur Schloßterrasse führt, ein Caballero erschien, der sich nach allen Seiten umschaute und dann, als ob er jemanden suchen würde, der auf ihn warten sollte, langsam herabstieg, bis zur Straße, wo er die Richtung zum Zocodover einschlug.

Als er auf den so benannten Platz gelangte, blieb er einen Moment stehen und spähte wieder um sich. Die Nacht war finster; kein einziger Stern glitzerte am Himmel, und auf dem ganzen Platz war nicht ein einziges Licht zu sehen. Dennoch, weiter hinten, in derselben Richtung, aus der jetzt ein leises Geräusch herdrang, wie von näherkommenden Schritten, glaubte er die Gestalt eines Mannes zu gewahren: es war zweifellos der, den er augenscheinlich mit solcher Ungeduld erwartet hatte.

Der Caballero, der soeben den Alcázar verlassen hatte, um sich zum Zocodover zu begeben, war Alonso de Carrillo, den das Ehrenamt, welches er in der königlichen Kammer versah, dazu genötigt hatte, so lange dem König Gesellschaft zu leisten. Und derjenige, der nun aus dem Schatten der Arkaden trat, die den ganzen Platz umgeben, und auf Alonso zukam, war Lope de Sandoval. Als die Ritter einander gegenüberstanden, wechselten sie ein paar Worte, mit gedämpfter Stimme:

„Ich hab' mir's gedacht, daß du mich erwartest", sagte der eine.

„Ich hab' gehofft, daß du dir das denkst", erwiderte der andere.

„Und wohin gehen wir?“

„Irgendwohin, wo's ein paar Handbreit Platz gibt, sich zu regen, und eine Funzel, die uns ein bißchen Licht gibt.“

Nach diesem äußerst wortkargen Dialog gingen die beiden jungen Männer in eine der engen Gassen hinein, die auf den Zocodover münden, und entschwanden im Dunkel wie jene Nachtgespenster, deren Anblick einen erschreckt, einige Sekunden lang, ehe sie sich in Dunstflokken auflösen und im Schoß der Schattenwelt versinken.

Eine ganze Weile gingen sie kreuz und quer durch das Gassengewirr von Toledo, auf der Suche nach einem geeigneten Ort, wo sie ihren Handel austragen konnten. Aber so stockdunkel war die Nacht, daß es unmöglich schien, sich zu duellieren. Hartnäckig jedoch blieben die beiden bei ihrem Wunsch, sich zu schlagen – und dies noch ehe der Morgen graute, denn bei Tagesanbruch sollten die Heerscharen des Königs ausrücken, und Alonso mit ihnen.

So liefen sie also aufs Geratewohl weiter, über verödete Plätze, durch düstere Passagen, enge, finstere Hintergäßchen, bis sie endlich in der Ferne ein Licht schimmern sahen, ein kleines, sterbensmattes Lichtchen, umringt von einem Nebelhof voll phantastischer, schummeriger Helle.

Sie waren in die Calle del Cristo geraten, und das Licht, das sie am Ende der Straße glimmen sahen, schien das Laternchen zu sein, das damals – wie es das noch heute tut – den Bildstock beleuchtete, nach dem die Gasse benannt ist.

Als sie den Lichtschein erblickten, gestatteten sich beide einen Juchzer, gingen mit beschleunigten Schritten darauf zu und standen schon nach kurzer Zeit vor dem Altar, zu dem das Lämpchen gehörte.

Eine gewölbte Vertiefung im Mauerwerk, unter deren Bogen man das Bild des ans Kreuz genagelten Erlösers sah, samt einem Totenschädel zu seinen Füßen; ein roh gezimmertes Vordach aus ein paar Brettern, die es vor den Unbilden der Witterung schützen sollten, und das kleine, an einem Strick hängende Laternchen, das es schwach beleuchtete, leise im Winde schwankend – das war der ganze Altar. Er wurde umrankt von einigen Efeugirlanden, welche zwischen den dunklen, verwitterten Quadern hervorgewachsen waren und oben eine Art Thronhimmel aus lebendigem Grün bildeten.

Sobald die Caballeros dem Kruzifix die schuldige Ehrerbietung erwiesen hatten, indem sie ihre Barette vom Kopf nahmen und leise ein kurzes Gebet murmelten, prüften sie mit einem flüchtigen Blick das Terrain, warfen ihre Mäntel auf den Boden, forderten sich gegenseitig zum Zweikampf, gaben mit einer leichten Kopfbewegung einander das Zeichen und kreuzten die Rapiere. Aber kaum hatten sich die Klingen berührt, da erlosch jählings, noch ehe einer der Duellanten auch nur einen Schritt tun konnte oder gar einen Stoß hätte versuchen können, das Licht, und die Gasse war in tiefste Finsternis getaucht. Wie von ein und demselben Gedanken durchzuckt, traten die beiden Fechter, so unvermittelt von Dunkel umhüllt, einen Schritt zurück, senkten die Spitzen ihrer Rapiere und hoben den Blick – hinauf zu dem Laternchen, dessen Licht, soeben erst erloschen, nun aufs neue erschimmerte, genau mit dem Moment, da sie Miene machten, abzulassen vom Streit.

„Ein Windstoß hat wohl vorübergehend die Flamme niedergedrückt“, rief Carrillo, ging wieder in Auslage und schickte ein warnendes „Heda!“ zu Lope hinüber, der dastand, als ob irgendwelche Überlegungen ihn ganz und gar in Anspruch nähmen.

Lope trat einen Schritt vor, um die aufgegebene Position wieder einzunehmen, legte aus, und wieder berührten sich die Klingen, aber im Augenblick der Berührung erlosch neuerlich das Licht, ganz von alleine, und es blieb erloschen, solange sich die Degen nicht trennten.

„Wahrlich seltsam!" murmelte Lope, das Laternchen anstarrend, dessen Licht von selbst wieder aufgeflammt war und langsam im Winde pendelte, wobei es den Totenschädel, der zu Füßen des Gekreuzigten lag, mit einem flackrigen, unheimlichen Schimmer übergoß.

„Pah!" sagte Alonso. „Die Betschwester, die für die Altarbeleuchtung zu sorgen hat, beschummelt wahrscheinlich ihre fromme Kundschaft und knausert mit dem Öl, so daß das Licht nicht leben und nicht sterben kann, mal aufleuchtet, mal verglimmt, als täte es den letzten Schnapper."

Nach diesen Worten warf sich der ungestüme Jüngling wieder in Positur. Sein Gegner folgte dem Beispiel; aber diesmal überfiel sie nicht nur erneut ein dichtes, undurchdringliches Dunkel – zugleich schlug der machtvolle Hall einer geheimnisvollen Stimme an ihr Ohr, einer Stimme, ähnlich dem langgezogenen Stöhnen des Sturmes, der zu klagen und Worte auszustoßen scheint, wenn er als Gefangener durch die gewundenen, engen und finsteren Gassen von Toledo rast.

Was jene furchterregende, übermenschliche Stimme sagte, hat kein Mensch je erfahren; aber in der Sekunde, da die beiden jungen Männer sie vernahmen, durchfuhr sie ein solches Entsetzen, daß ihnen die Degen aus der Hand fielen, das Haar ihnen zu Berge stand und kalter Schweiß ihnen aus allen Poren brach, der eisig, wie Todesschweiß, über ihre schreckgeschüttelten Körper, über ihre jäh erbleichten, verzerrten Stirnen rann.

Das Licht, zum dritten Mal erloschen, lebte zum dritten Mal wieder auf, und die Finsternis wurde verscheucht.

„Ah!“ rief Lope, als er seinen Gegner – der einst sein bester Freund gewesen war – dastehen sah: so bestürzt, so schreckensbleich, so erstarrt wie er selbst. „Gott ist gegen diesen Handel; er läßt diesen Kampf nicht zu, weil es Brudermord ist; weil ein Zweikampf zwischen uns den Himmel beleidigt, vor dessen Angesicht wir uns wieder und wieder ewige Freundschaft geschworen haben.“

Und indem er dies sagte, warf er sich in die Arme Alonsos, der ihn mit wilder Kraft, mit überströmender Herzlichkeit an seine Brust drückte.

Nach einigen Minuten, in denen die beiden sich auf jegliche Weise ihre Freundschaft und Verbundenheit zu erkennen gaben, sagte Alonso, noch tief bewegt von der Szene, die wir eben geschildert haben, zu seinem Freund:

„Lope, ich weiß, daß du Doña Inés liebst; ob so wie ich – daß weiß ich nicht; aber du liebst sie. Da ein Duell zwischen uns nun mal nicht möglich ist, wollen wir ein für allemal unser Schicksal in ihre Hände legen. Komm, wir wollen zu ihr gehen – sie soll nach ihrem Belieben, nach ihrem freien Ermessen entscheiden, wer der Glückliche sein soll, wer der Unglückliche. Ihre Entscheidung wird von beiden respektiert, und derjenige, dem sie ihre Gunst versagt, wird morgen früh mit dem König Toledo verlassen; er wird ins Feld ziehen, um im Kriegsgetümmel den Trost des Vergessens zu suchen.“

„Wenn du es so willst – einverstanden!“ antwortete Lope.

Und Arm in Arm machten sich die beiden Freunde auf den Weg zur Kathedrale, zu dem Platz bei derselben, wo in einem Palast, von dem heute kein Stein mehr auf dem andern steht, Doña Inés de Tordesillas wohnte.

Die Dämmerung war nahe; und weil einige Verwandte von Doña Inés – darunter ihre Brüder – bei Tagesanbruch mit dem königlichen Heer ausrücken mußten, war es durchaus denkbar, daß sich schon in aller Frühe eine Möglichkeit ergeben würde, in den Palast einzudringen.

Von dieser Hoffnung beflügelt, gelangten sie an den Domplatz; schon befanden sie sich zu Füßen des gotischen Kirchturms – doch in diesem Augenblick ließ ein sonderbares Geräusch sie aufhorchen. Sie verhielten den Schritt, traten in eine Mauernische, und gedeckt vom Schattendunkel der hohen Stützpfeiler und Strebebogen, die das Bauwerk flankieren, sahen sie, nicht ohne großes Erstaunen, wie droben am Palast ihrer Dame eine Balkontür sich öffnete, ein Mann zum Vorschein kam, der aus der Höhe zum Erdboden herabglitt – anscheinend mit Hilfe eines Seiles –, wonach schließlich eine weiße Gestalt sich zeigte, zweifellos Doña Inés, die sich über die durchbrochene Brüstung beugte und noch einige zärtliche Abschiedsworte mit dem mysteriösen Galan wechselte.

Im ersten Impuls fuhren die Hände der beiden Jünglinge zum Degenknauf; aber wie von einer plötzlichen Erleuchtung durchzuckt, hielten sie inne, blickten einander an und mußten gegenseitig ein so verdutztes, ein so urkomisches Gesicht entdecken, daß beide in ein schallendes Gelächter ausbrachen, ein Gelächter, das inmitten der nächtlichen Stille sich als vielfaches Echo brach, mit seinem wiederholten Hall dröhnend den ganzen Platz erfüllte und bis zu dem Palast hinüberschallte.

Da verschwand die weiße Gestalt vom Balkon; man hörte das Knallen, mit dem die Türflügel zugeschlagen wurden; und alles wurde wieder still wie zuvor.

III Als es dann Tag geworden war, paradierten die Heerscharen der zum Maurenkrieg ausziehenden Mannen an der Königin vorüber, die auf einem prächtig geschmückten Schaugerüst saß, umringt von den vornehmsten Damen Toledos. Unter diesen befand sich Doña Inés de Tordesillas, auf die sich an jenem Tag, wie immer, aller Augen richteten, doch diesmal, so schien es ihr jedenfalls, nicht mit dem gewohnten Ausdruck. Ihr war, als ob in all den neugierigen Blicken, die sich ihr zuwandten, ein spöttisches Lächeln aufblinken würde.

Diese Wahrnehmung brachte sie ein wenig aus dem inneren Gleichgewicht, vor allem, als sie sich an das schallende Gelächter erinnerte, das sie in der vergangenen Nacht von Ferne, aus irgendeiner Ecke des Platzes vernommen zu haben glaubte, gerade in dem Moment, wie sie ihren Liebhaber verabschiedet hatte und die Balkontür wieder schließen wollte. Aber als sie dann zwischen den Kolonnen der Krieger, die mit gleißenden, feurig funkelnden Rüstungen, von Staubwolken umwirbelt, an der Estrade vorüberzogen, die vereinigten Banner der Häuser Carrillo und Sandoval auftauchen sah; als sie das vielsagende Lächeln gewahrte, das ihr die beiden ehemaligen Rivalen zuwarfen, während sie die Königin grüßten, die beiden Burschen, die nebeneinander daherritten – da erahnte sie alles, Schamröte überflammte purpurn ihr Gesicht, und in ihren Augen blitzten Tränen ohnmächtigen Zornes.

DER KUSS
(Legende aus Toledo)

Als Truppen des französischen Invasionsheeres zu Beginn des neunzehnten Jahrhunderts das geschichtsreiche Toledo in ihre Gewalt brachten, ließen die Kommandeure, welche die Gefahr nicht verkannten, der sich die fremden Soldaten in den größeren spanischen Ortschaften aussetzten, wenn sie verstreut in Einzelquartieren logierten, zunächst die größten und besten Gebäude der Stadt als Massenunterkünfte einrichten.

Nachdem der prächtige Alcázar Karls V. belegt war, beschlagnahmte man das Rathaus, und als auch dieses keine Leute mehr fassen konnte, drang man in die Zufluchtsstätten der geistlichen Orden ein, und am Ende wurden sogar die Kirchen, die dem täglichen Gottesdienst geweiht waren, in Pferdeställe verwandelt.

So standen die Dinge dort, wo sich das Ereignis begab, von dem ich berichten will, als eines Abends, zu recht vorgerückter Stunde, eingemummt in ihre dunklen Reitermäntel, einen Heidenspektakel entfesselnd in den engen, menschenleeren Gassen zwischen der Puerta del Sol und dem Zocodover, mit Waffengerassel und dem prasselnden Getrappel von Pferden, deren Hufe Funken schlugen aus dem Kopfsteinpflaster, an die hundert Dragoner in die Stadt einritten, hochgewachsene, forsche, kraftvolle Kerls, von denen unsere Großmütter noch heute mit Bewunderung sprechen.

Die Schwadron wurde angeführt von einem noch ziemlich jungen Offizier, der etwa dreißig Schritte vor seiner

Mannschaft ritt und halblaut mit einem anderen Mann sprach, der – nach seiner Kleidung zu schließen – ebenfalls Soldat war.

Dieser Mann, der zu Fuß vor dem Offizier herging und eine Laterne in der Hand hielt, schien ihm den Weg zu weisen durch jenes Gewirr dunkler, verwinkelter Gassen.

„Wahrhaftig", sagte der Reiter zu seinem Begleiter, „wenn das Quartier, das man uns bereitstellt, so beschaffen ist, wie man's mir geschildert hat, dann wäre es ja beinahe, beinahe besser, auf freiem Feld oder mitten auf einem Platz zu biwakieren."

„Was wollt Ihr schon erwarten, Herr Rittmeister?" erwiderte der Laternenträger, der tatsächlich ein als Quartiermacher eingesetzter Sergeant war. „In den Alcázar geht kein Weizenkörnchen mehr hinein, und erst recht kein Mannsbild. Von San Juan de los Reyes zu schweigen, denn dort liegen in manch einer Mönchszelle fünfzehn Husaren gestapelt. Das Kloster, zu dem ich Euch führe, war eine gar nicht so üble Bleibe; aber vor drei, vier Tagen kam da wie aus den Wolken ein fliegendes Korps hereingeschneit, eine von den Einheiten, die das offene Land durchstreifen. Gottseidank konnten wir die Brüder dazu bringen, mit den Kreuzgängen vorlieb zu nehmen, dicht gepackt wie die Heringe, und euch die Kirche zu überlassen."

„Nun gut", rief der Offizier nach einer kleinen Bedenkpause, als hätte er sich wohl oder übel abgefunden mit dem seltsamen Quartier, das ihm der Zufall bescherte; „lieber was Unbequemes als gar nichts. Immerhin haben wir, wenn's regnet – was bei dem aufziehenden Gewölk schon bald der Fall sein kann – ein Dach überm Kopf, und das ist auch schon was."

Damit war das Gespräch vorerst beendet; wortlos ritten

die Dragoner hinter dem Laternenträger her, bis sie zu einem kleinen Platz kamen, in dessen Hintergrund sich die schwarze Silhouette des Klosters vom Nachthimmel abhob: der moriskische Turm, der zwiefach durchlochte Glockengiebel, eine gotische Kuppel und die ungleichen Winkel mehrerer dunkler Dachkonturen.

„Hier ist eure Unterkunft!" rief der Quartiermacher, als er diese Umrisse erkannte, dem Rittmeister zu, der seiner Truppe den Befehl zum Haltmachen gab, vom Pferd stieg, seinem Begleiter die Laterne aus der Hand nahm und sich dorthin begab, wohin dieser gewiesen hatte.

Da die Klosterkirche ohnehin völlig ausgeplündert war, hatten die Soldaten, die in den übrigen Stiftsräumen hausten, die Kirchtüren als doch wohl nahezu nutzlos erachtet und folglich – heute eine Platte, morgen eine Platte – sie Stück für Stück aus den Angeln gerissen, um Scheiter daraus zu machen für die Lagerfeuer, an denen sie sich in den Nächten wärmten.

Unser junger Offizier mußte also weder einen Schlüssel drehen noch einen Riegel verschieben, um ins Innere des Gotteshauses zu gelangen.

Mit der Laterne leuchtend, deren Schummerlicht sich in der dichten Dunkelheit der Schiffe verlor und riesenhaft vergrößert den phantastischen Schattenriß des vorausgehenden Sergeanten an die Wand warf, durcheilte er die Kirche kreuz und quer, durchforschte die verödeten Seitenkapellen, eine nach der anderen. Als er schließlich ein klares Bild von der Örtlichkeit gewonnen hatte, ließ er seine Leute absitzen und brachte das Getümmel von Reitern und Rossen in der kahlen Halle unter, so gut es eben ging.

Wie gesagt, die Kirche war völlig ausgeplündert: am

Hochaltar hingen vom Obersims noch Fetzen des Schleiervorhangs herab, mit dem die Mönche ihn verdeckt hatten, ehe sie diesen Raum verließen; da und dort in den Schiffen sah man noch Altarbilder an den Wänden, doch die Heiligenfiguren in den Mauernischen fehlten; im Chor zeichneten sich mit schimmernden Säumen die seltsamen Profile des dunklen, aus Lärchenholz geschnitzten Gestühls ab; auf dem Boden, dessen Fliesen zum Teil zersprungen waren, konnte man noch breite Grabplatten erkennen, Steintafeln, bedeckt mit Adelsinsignien, Wappen und langen Inschriften aus gotischen Lettern; und weiter hinten, in der Tiefe der stillen Seitenkapellen und dem Querschiff entlang, tauchten verschwommen, gleich weißen, reglosen Gespenstern, die steinernen Statuen aus dem Dunkel, die, teils liegend, teils kniend auf dem Marmor ihrer Sarkophage, die einzigen Bewohner des verwahrlosten Gebäudes zu sein schienen.

Ein Mensch, der nicht so hundemüde gewesen wäre wie der Dragoneroffizier, nicht derart gerädert durch einen Tagesritt von vierzehn Meilen; ein Mensch, der sich noch nicht so daran gewöhnt hätte, den Anblick derartigen Frevels als die natürlichste Sache der Welt hinzunehmen, hätte wohl – falls er auch nur zwei Quentchen Phantasie besitzt – die ganze Nacht kein Auge zugemacht in jenem düsteren, imposanten Raum, wo die Flüche der Soldaten, die sich lauthals über das notdürftige Nachtlager beklagten, das metallische Klirren ihrer Sporen auf den breiten Grabplatten des Fliesenbodens, das Gelärme der Pferde, die ungeduldig stampften, ihre Mähnen schüttelten und die Ketten rasseln ließen, mit denen sie an die Pfeiler gefesselt waren, zusammen ein unheimliches, furchterregendes Rumoren ergaben, das sich in der ganzen Weite der Kirchenhalle ausbreitete und immer verworrener zurückhallte, wiederholt von Echo zu Echo, in den hohen Gewölben droben.

Doch unser Held war, trotz seiner Jugend, schon so vertraut mit derlei Wechselfällen des Kriegerlebens, daß er, sobald seine Leute verstaut waren, einen Fouragesack am Aufgang zum Presbyterium placieren ließ, sich möglichst mollig in seinen Militärmantel einmummelte, den Kopf auf die erste Stufe bettete und schon nach fünf Minuten mit einer Seelenruhe schnarchte, wie sie dem König José in seinem Palast zu Madrid wohl kaum vergönnt war.

Die Soldaten folgten seinem Beispiel, machten sich Kissen aus ihrem Sattelzeug, und ganz allmählich erlosch das Gebrabbel ihrer Stimmen.

Eine halbe Stunde später hörte man nur noch das verhaltene Seufzen des Windes, der durch die zerbrochenen Scheiben der Spitzbogenfenster hereinstrich, das irre Geflatter der Nachtvögel, die ihre Nester auf den steinernen Baldachinen über den Wandskulpturen hatten, und die gleichmäßigen Schritte des Wachtpostens, der draußen – die weiten Falten seines Reiterumhangs fest um den Leib gewickelt – in der Vorhalle auf und ab ging, auf und ab.

II

Zu der Zeit, auf die diese ebenso wahrheitsgetreue wie merkwürdige Geschichte zurückgeht, war die Stadt Toledo, genau wie heutzutage, für alle diejenigen, die ihren Reichtum an Kunstwerken nicht zu schätzen wußten, nichts weiter als ein verkommenes, altes, baufälliges und unausstehliches Kaff.

Die Offiziere des französischen Heeres, die – nach den Akten von Vandalismus zu urteilen, mit denen sie dort für ein traurig dauerhaftes Gedenken an die Besatzungstage gesorgt haben – alles andere als Künstler oder Liebhaber des Altertums waren, langweilten sich natürlich über die Maßen in der altehrwürdigen Stadt der Könige und Kaiser.

In dieser Seelenlage nahmen die unfreiwilligen Müßiggänger selbst die belangloseste Neuigkeit, die das eintönige Gleichmaß täglicher, nimmer endender Untätigkeit unterbrechen mochte, mit wahrer Begierde auf; so verwandelte sich denn die Beförderung eines Kameraden in den nächst höheren Dienstrang, die Nachricht von der strategischen Operation eines fliegenden Korps, die Abreise eines diplomatischen Kuriers oder die Ankunft irgendeines Truppenteils in der Stadt unverzüglich in ein dankbar genutztes, ergiebiges Gesprächsthema und mußte herhalten als Gegenstand aller erdenklichen Kommentare, bis endlich ein neues Ereignis sich einstellte, das vorletzte ablöste und als Anlaß für neues Nörgeln, Mekkern und Mutmaßen diente.

Wie zu erwarten, gab es anderntags nur ein Gericht, mit dem sich die hochmilitärische Gerüchteküche befaßte; die Offiziere, die sich, getreu ihrer Gewohnheit, an jenem Morgen auf dem Zocodover einfanden, um in der Sonne zu flanieren und geruhsam miteinander zu plaudern, redeten nur über eine einzige Sache: die Ankunft jener Dragoner, deren Anführer wir im letzten Kapitel verlassen haben, wie er schlafend dalag, sorglos schnarchend, ausruhend von den Strapazen seines langen Ritts.

Schon eine Stunde lang kreiste die Unterhaltung um diese Angelegenheit, und man fing bereits an, verschiedene Deutungen anzubieten, warum der Neuankömmling noch nicht zur Stelle sei, obwohl doch einer der Anwesenden – ein ehemaliger Schulkamerad des Rittmeisters –

einen Treff auf dem Zocodover mit ihm verabredet hatte, als in einer Straßeneinmündung schließlich unser schneidiger Reiterhauptmann erschien: nun ohne den weitwallenden Dragonermantel, einen metallisch blitzenden Helm mit weißem Federbusch stolz auf dem Kopf, die Brust umspannt von einem türkisblauen Waffenrock mit roten Aufschlägen, und an der Seite einen prächtigen Beidhänder in stählerner Scheide, der auf dem Boden nachschleifte und im Takt seiner martialischen Schritte, seiner knapp und scharf klirrenden goldenen Sporen schepperte.

Kaum hatte ihn sein Kamerad erblickt, da stürzte er ihm entgegen, um ihn zu begrüßen, gefolgt von fast allen, die zu dem Stehkonvent gehörten und nach der detaillierten Schilderung seines originellen, sonderbaren Charakters, welche sie soeben erhalten hatten, darauf brannten, ihn persönlich kennenzulernen.

Nach den üblichen, mannhaft herzlichen Umarmungen, den pflichtgemäßen Freudenrufen, Glückwünschen und Erkundigungen, nach langer Darlegung und Erörterung sämtlicher Neuigkeiten, die in Madrid kursierten, ausgedehntem Palaver über das wechselhafte Kriegsglück, über die gefallenen oder abwesenden Spezis (was zu hüpfenden Exkursen von da nach dort verleitete) landete das Gespräch schließlich beim obligaten Thema, das heißt: bei den Mühsalen des Dienstes, dem Mangel an Vergnügungen in dieser Stadt und der allgemeinen Miesigkeit der Quartiere.

Als man zu diesem Punkt gelangt war, sagte einer aus der Runde, dem es anscheinend zu Ohren gekommen war, daß der junge Offizier sich nicht eben wohlgelaunt damit abgefunden hatte, daß er seine Leute in der verlassenen

Kirche unterbringen sollte, in spaßig stichelndem Ton:

„Na, da wir grad vom Quartier reden – wir war denn die Nacht in eurer Behausung?“

„Durchwachsen“, antwortete der Befragte. „Mit meinem Schlaf, das sei zugegeben, war es zwar nicht weit her; aber der Grund meines Wachens war der Mühe wohl wert. Schlaflose Stunden, bei einer reizenden Frau verbracht, sind sicherlich nicht das schlimmste aller Übel.“

„Bei einer Frau!“ wiederholte der andere, als wunderte er sich über das flinke Glück des eben erst Angekommenen. „Das heiße ich: zur Tür hereinstolpern und mitten in den Honigtopf fallen!“

„Wohl ein Liebchen von ehedem, aus der Residenz, das ihm nach Toledo gefolgt ist, um ihm die Verbannung erträglicher zu machen“, meinte ein anderer aus dem Herrenzirkel.

„Oh, nein!“ erwiderte der Rittmeister. „Weit gefehlt! Ich kann's beschwören, so wahr ich hier stehe, daß ich sie nie zuvor gesehen habe und daß ich es niemals für möglich gehalten hätte, in einem so erbärmlichen Quartier eine so schöne Gastgeberin zu finden. Es war sozusagen ein echtes, ein regelrechtes Abenteuer.“

„Erzählt! Erzählt!“ riefen die Offiziere, die den Rittmeister umstanden, im Chor.

Und da der offensichtlich bereit war, ihrem Wunsch zu entsprechen, waren die Mannen ganz Ohr, als der Dragonerchef wieder den Mund auftat und folgendermaßen anhub zu berichten:

„Ich schlief letzte Nacht, wie einer halt schläft, dem ein Ritt von vierzehn Meilen die Knochen zermürbt hat, als rumsda, mitten im schönsten Traum, ein gräßlicher Krach mich aufschreckte, ein solcher Höllenkrach, daß ich für einen Moment völlig taub war und danach, wie ich halb aufgerichtet dasaß, auf den Ellenbogen gestützt, mir noch fast eine Minute lang der Schädel summte, als surrte ein Brummer mir im Ohr herum. Die Ursache meines Schrecks – ihr habt es wohl schon vermutet – war der erste Stundenschlag, den ich da hörte, der erste Schlag dieser verdammten dicken Glocke, der Vorsängerin sozusagen, der bronzenen Oberbrüllerin, die diese Domherren von Toledo auf ihre Kathedrale gehängt haben, in der löblichen Absicht, die Ruhebedürftigen bis aufs Blut zu peinigen. Zähneknirschend verwünschte ich die Glocke mitsamt dem Glöckner, der sie läutete, und wollte mich, nachdem jener ungewohnte, fürchterliche Lärm verebbt war, gerade anschicken, den Faden des unterbrochenen Traums wieder aufzunehmen, als auf einmal, meine Phantasie aufstörend, etwas Unfaßliches sich meinen Augen darbot. Im unverläßlichen Licht des Mondes, das durch ein schmales, zwiegeteiltes Bogenfenster in der Apsis hereinfiel, sah ich vor dem Hochaltar eine Frau knien."

Die Offiziere blickten einander an, mit Gesichtern, deren Ausdruck zwischen Erstaunen und Ungläubigkeit schwankte. Der Rittmeister aber achtete überhaupt nicht auf die Wirkung seiner Geschichte und erzählte weiter:

„Ihr könnt euch nichts vorstellen, was dieser phantastischen nächtlichen Vision auch nur nahekäme, die mir da im Halbdunkel des Altarraums erschien, dämmrig aufschimmernd, wie jene gemalten Jungfrauen auf den Farbfenstern, die ihr wohl manchmal schon habt aufleuchten sehen, weit weg, hell sich abhebend, licht hervortretend aus der dunklen Tiefe der Kathedralen. Ihr ovales Gesicht, leicht eingefallen, gezeichnet von einer zarten Vergeistigung; ihre harmonischen Züge, voll sanfter, schwermütiger Lieblichkeit; ihre auffallende Blässe, das lautere, makellose Linienspiel ihrer schlanken Kontur, die noble Gelassenheit ihrer Gebärde, ihr weißes, langwallendes Gewand riefen mir jene Frauen in Erinnerung, die ich erträumte, als ich noch fast ein Kind war. Keusche, himmlische Gestalten, märchenhafte Inbilder des erwachenden, vagen Liebesverlangens! Ich glaubte, eine Sinnestäuschung gaukle mir etwas vor, und wandte kein Auge von ihr, wagte nicht mal zu atmen, aus Furcht, der geringste Hauch könne den Zauber zunichte machen. Sie verharrte reglos. Mir war, wie ich sie vor mir sah – so licht, so strahlend klar –, als wäre sie kein irdisches Geschöpf, nein, ein Geist, der nur für eine kleine Weile menschliche Gestalt angenommen hatte, auf dem Mondstrahl herabgekommen war und so in der Luft die bläulich schimmernde Kielspur hinterließ, die von dem Bogenfenster hoch droben schräg herabführte bis zum Fuß der gegenüberliegenden Wand, mitten durch die dunkle Schattenwelt dieses trübseligen, geheimnisvollen Raumes."

„Aber ...", fiel ihm sein Schulkamerad ins Wort, der die Geschichte anfänglich als Jux genommen, dann jedoch mit wachsender Teilnahme seinem Bericht gelauscht hatte. „Wie kam denn die Frau dahin? Hast du sie gar nicht angesprochen? Hat sie dir nicht erklärt, weshalb sie sich dort aufhielt?"

„Ich konnte mich nicht entschließen, sie anzureden; denn es war mir gewiß, daß sie mir keine Antwort geben, mich weder sehen noch hören würde."

„War sie taub?"

„War sie blind?"

„War sie stumm?" riefen gleichzeitig drei oder vier der Zuhörer.

„Sie war all dies zugleich", sagte nach einer kleinen Pause der Rittmeister, „denn sie war . . . aus Marmor."

Als sie den verblüffenden Ausgang dieses seltsamen Abenteuers vernahmen, brach die gesamte Runde in schallendes Gelächter aus, während einer der Herren den Erzähler dieser Mirakelgeschichte, der als einziger ernsthaft blieb, anstupste und sagte:

„Ach, so verhält sich das! Von der Sorte – da hab' ich mehr als tausend, einen richtigen Harem, im Kloster San Juan de los Reyes. Einen Harem, den ich von nun an Euch zur Verfügung stelle, da Euch ja, allem Anschein nach, eine Frau aus Stein ebensoviel bedeutet wie eine aus Fleisch und Blut."

„Oh, nein!" entgegnete der Rittmeister, ohne sich auch nur im geringsten über das Gelächter seiner Kameraden zu ärgern. „Ich bin mir ganz sicher, daß sie nicht so sein können wie die meine. Die meine ist eine echte kastilische Dame, die durch ein Wunder der Bildhauerkunst anscheinend nicht begraben worden ist in ihrer Gruft, sondern noch immer beseelten Leibes auf der Steinplatte kniet, die das Grab bedeckt, reglos, die Hände flehend gefaltet, versunken in einer Ekstase mystischer Liebe."

„Du sprichst so feurig beredt, daß du uns zu guter Letzt noch die Glaubwürdigkeit der Fabel von Galatea beweisen wirst."

„Ich selber – das kann ich euch gestehen – hielt diese Sage immer für eine Narretei; aber seit der letzten Nacht fange ich an, die Leidenschaft des griechischen Bildhauers zu verstehen."

„In Anbetracht des besonderen Zustandes deiner neuen Herzensdame wirst du vermutlich keinen Anstand nehmen, uns mit ihr bekannt zu machen. Ich kann's, ehrlich gestanden, kaum noch erwarten, dieses Wundergebilde zu sehen. Aber ... Was hast du, potz Deibel? ... Sieht fast so aus, als wolltest du dich davor drücken, sie uns vorzustellen. Hahaha! Das wär' ja nochmal schöner, wenn du schon eifersüchtig auf uns wärst!"

„Eifersüchtig", sagte der Rittmeister rasch, „eifersüchtig . . . Auf Menschen, nein ... Und doch ..., seht nur, wie weit meine Überspanntheit geht ... Neben dem Bild dieser Frau kniet, gleichfalls aus Marmor, und so ernst, so lebenswahr wie sie, ein Krieger ... Ihr Gemahl, zweifellos ... Nun gut, ich will nichts verhehlen, auch wenn ihr euch über meine Blödheit lustig macht ... Hätte ich nicht befürchtet, daß man mich ins Irrenhaus steckt, so hätte ich ihn, glaube ich, schon hundertmal in Stücke gehauen."

Mit einer neuen, noch gewaltiger losdonnernden Lachsalve begrüßten die Offiziere dieses absonderliche Geständnis des überkandidelten Liebhabers jener steinernen Dame.

„Nichts da! Nichts da! Wir müssen sie unbedingt sehen!" riefen die einen.

„Ja, ja! Wir müssen unbedingt wissen, ob der Gegenstand Eurer Verehrung einer solch flammenden Leidenschaft würdig ist!" fielen die anderen ein.

„Also, wann versammeln wir uns in der Kirche, wo ihr kampiert, um einen zu heben?" drängten die übrigen.

„Wann's euch beliebt. Gleich heute abend, wenn ihr wollt", antwortete der junge Rittmeister, mit seinem gewohnten Lächeln, das die aufblitzende Eifersucht nur für einen kurzen Moment verscheucht hatte. „Übrigens:

im Troß habe ich noch an die zwei Dutzend Flaschen Champagner, echten Champagner, Überrest einer Stiftung für unseren Brigadegeneral, der, wie ihr wißt, mit mir verwandt ist, um sieben Ecken."

„Bravo! Bravo!" brüllten die Offiziere einstimmig und brachen dann in jubelnde Solorufe aus:

„Wein aus der Heimat wollen wir trinken!"

„Und ein Lied von Ronsard dazu singen!"

„Und von Frauen reden, angeregt von der Herzensdame unseres edlen Gastgebers."

„Also – bis heut abend!"

„Bis heut abend!"

III Schon längst hatten die friedlichen Bürger von Toledo mit Schlüssel und Riegel die wuchtigen Türen ihrer altersgrauen, großmächtigen Häuser abgesperrt; die dicke Glocke der Kathedrale verkündete die Sperrstunde, und vom Alcázar droben, der nun Kaserne war, hallten die letzten Trompetentöne des Zapfenstreichs herab, als zehn oder zwölf Offiziere, die sich nach und nach auf dem Zocodover eingefunden hatten, den Platz verließen und sich auf den Weg zu dem Kloster begaben, in dem der Rittmeister Quartier genommen hatte, allesamt recht beschwingt, nicht so sehr von der Sehnsucht, die wunderbare Skulptur kennenzulernen, als vielmehr von der Aussicht, die verheißenen Flaschen zu leeren.

Düster und drohend hatte sich die Nacht über die Stadt gelegt. Der Himmel war von bleiernen Wolken verdeckt. Der Wind, der sich in den engen, gewundenen Gassen verfangen hatte, raste heulend in seinem Gefängnis herum, rüttelte und schüttelte das ersterbende Laternenlicht der

Straßenaltäre und ließ die eisernen Wetterfahnen auf den Türmen mit schrillem Gekreische kreisen.

Kaum hatten die Offiziere jenen Platz erblickt, an dem sich die Notbehausung ihres neuen Freundes befand, da kam dieser, der sie schon ungeduldig erwartet hatte, ihnen entgegen; halblaut wechselte man ein paar Worte und drang dann als geschlossener Haufe in die Kirche ein, in die trübselige Halle, wo der dürftige Schimmer einer Funzel mühsam gegen die Übermacht schwarz massierter Schatten ankämpfte.

„Meiner Treu", rief einer der Gäste, rundum schauend, „ein mieseres Lokal zum Festen läßt sich auf Gottes Erdboden gewiß nicht finden!"

„Wahrhaftig", sagte ein anderer, „du lockst uns hierher, um uns eine Dame vorzustellen – dabei sieht man kaum die eigene Hand vor den Augen."

„Und vor allem herrscht hier eine Kälte, daß man grad meinen könnte, wir seien in Sibirien", schnatterte ein Dritter, während er sich in seinen Umhang einmummelte.

„Nur gemach, meine Herren, nur gemach!" warf der Gastgeber ein. „Immer mit der Ruhe! Es soll an nichts fehlen. He, Bursche", fuhr er fort, zu einem seiner Leute gewandt, „hol dort ein bißchen Holz und entfache in der Hauptkapelle ein ordentliches Lagerfeuer!"

Der Bursche machte sich unverzüglich an die Ausführung des Befehls; emsig ging er auf das Chorgestühl los, hieb darauf ein, Schlag auf Schlag, und als er eine Menge Trümmerholz beisammen hatte, schichtete er es vor den Stufen des Presbyteriums auf, nahm die Funzel zur Hand und veranstaltete mit den Bruchstücken kunstvollen, kostbarsten Schnitzwerks ein Autodafé, in dessen Flammen man hier den Stumpf einer zierlich gewundenen Säule sah, dort die Gestalt eines seligen Abtes, den Torso einer weiblichen Figur oder den Kopf eines Greifen, der sich gräßlich aus rascheldürrem Laubwerk reckte.

Binnen weniger Minuten tat eine hellauf lodernde Helle, übersprudelnd nach allen Seiten, die ganze Kirche erfüllend, es den Offizieren kund, daß die Stunde für den Beginn des Festmahls gekommen war.

Der Rittmeister machte die Honneurs, ganz nach Etikette, als wäre er nicht im Notquartier sondern zu Hause. Mit erhobener Stimme wandte er sich an seine Gäste:

„Wenn's beliebt, werte Herren, schreiten wir jetzt zum Buffet."

Seine Kameraden beantworteten die Einladung, höchste Feiertagswürde mimend, mit einer komischen Verbeugung, und alle stolzierten zur Hauptkapelle, hinterm Helden des Abends her, der an der Vortreppe kurz innehielt, die Hand ausstreckte, zu der Stelle hin, wo sich das Grabmal befand, und in der erlesensten Diktion feinsinniger Herzenshöflichkeit sagte:

„Ich habe das Vergnügen, Ihnen die Dame all meiner Gedanken vorzustellen. Ich glaube, Sie werden mit mir der Meinung sein, daß ich ihre Schönheit nicht zu hoch gerühmt habe."

Die Offiziere wandten ihre Augen dorthin, wo ihr Freund hingedeutet hatte, und ein Ausruf des Erstaunens entfuhr unwillkürlich allen Lippen.

Im Hintergrund einer überwölbten, mit schwarzem Marmor ausgekleideten Grabnische, kniend an einem Betstuhl, die Hände gefaltet und das Gesicht dem Altar zugewandt, war da, wahrhaftig, die Gestalt einer Frau zu sehen – so schön, wie noch nie eine andere aus den Händen eines Bildhauers hervorgegangen ist; von einem Liebreiz, wie ihn keine begehrliche Phantasie jemals herrlicher sich ausmalen könnte.

„Wirklich, ein Engel!“ rief einer der Männer.

„Schade, daß sie aus Marmor ist!“ fügte ein anderer hinzu.

„Kein Zweifel, schon die Illusion, man befinde sich in der Nähe einer Frau von diesem Kaliber, reicht völlig hin, daß man die ganze Nacht kein Auge zumacht.“

„Und Ihr wißt nicht, wer sie ist?“ fragten einige, während sie die Statue näher betrachteten, den Rittmeister, der lächelnd dastand, sichtlich zufrieden mit seinem Triumph.

„Ich hab’ das bißchen Latein zusammengekratzt, an das ich mich noch erinnern kann aus meiner Schulzeit“, antwortete der Befragte, „und nach hartem Bemühen ist es mir gelungen, die Grabinschrift zu entziffern, aus der ich entnehme, daß die Gruft einem kastilischen Adelsgeschlecht gehört, einem berühmten Krieger, der am Italienfeldzug des Großen Kapitäns teilnahm. Seinen Namen habe ich vergessen; aber seine Gemahlin, die ihr hier seht, heißt Doña Elvira de Castañeda, und, bei Gott, wenn die Kopie dem Original gleicht, dann muß sie die großartigste Frau ihres Jahrhunderts gewesen sein.“

Nach diesen knappen Auskünften gingen die Gäste, die den Hauptzweck der Zusammenkunft nicht aus den Augen verloren hatten, dazu über, ein paar Flaschen zu entkorken; und als man sich rings um das Feuer niedergelassen hatte, begann der Wein die Runde zu machen.

Je öfter und hingebungsvoller man dem Getränk zusprach, je mehr der Geist des schäumenden Champagners die Köpfe umnebelte, desto lebhafter, lustiger und lauter wurde das Freudengeschrei der jungen Leute, von denen manche sich damit vergnügten, die an den Pfeilern lehnenden Granitmönche mit leeren Flaschen zu beschmeißen, indes andere Sauflieder und zotige Moritaten gröhlten, wozu die übrigen brüllend lachten, Beifall klatschten oder unter Fluchen und Lästern stritten.

Der Rittmeister trank stumm, wie ein Verzweifelter, und starrte unentwegt die Statue von Doña Elvira an.

Umflackert vom rötlichen Feuerschein, wahrgenommen durch den wogenden Dunstschleier der Trunkenheit, erschien ihm das Marmorbild nun zuweilen als eine wirkliche, wieder zum Leben erwachte Frau; ihm schien, daß ihre Lippen sich ein wenig öffneten, als würde sie ein Gebet flüstern; daß ihre Brust sich hob, wie in Bedrängnis, von Schluchzen geschüttelt; daß ihre gefalteten Hände sich ineinanderkrampften, ihre Wangen sich röteten, als ob sie, kurz gesagt, sich schämen würde angesichts dieses gotteslästerlichen, widerlichen Schauspiels.

Wie die Offiziere merkten, daß ihr Kamerad in Trübsinn versunken war, rissen sie ihn aus seiner Starre, streckten ihm einen Becher entgegen und riefen im Chor:

„Auf geht's! Bringt einen Trinkspruch aus! Ihr seid der einzige, der in der ganzen Nacht noch nicht geprostet hat!"

Der junge Mann stand auf, nahm den Becher, hob ihn empor und sagte, den Blick herausfordernd auf die Statue des Kriegers gerichtet, der neben Doña Elvira kniete:

„Auf das Wohl des Kaisers und auf das Glück seiner Waffen, dank denen es uns gelungen ist, bis ins Kernland Kastiliens vorzudringen, um hier, am Grab eines Siegers von Ceriñola, seiner Frau den Hof zu machen!"

Mit dröhnendem Applaus nahmen die Kumpane den Trinkspruch auf, und der Rittmeister ging schwankend ein paar Schritte auf die Gruft zu.

„Nein", fuhr er fort, immer gegen die Statue des Kriegers gewandt und blöde grienend wie ein Betrunkener, „glaub nur nicht, ich hätte was gegen dich, weil ich dich etwa als einen Nebenbuhler betrachte. Im Gegenteil, ich bewundere dich als einen geduldigen Ehemann, als ein Muster der Langmut und der verständnisvollen Milde, und auch ich meinerseits möchte großmütig sein. Als Krieger bist du wohl auch ein wackerer Zecher ... Man soll mir nicht nachsagen, ich hätte dich verdursten lassen, während du mitansehen mußtest, wie wir zwanzig Flaschen geleert haben ... Nimm!"

Und indem er dies sagte, hielt er ihm den Becher an die Lippen. Nachdem er sie mit der Flüssigkeit, die darin war, ein bißchen benetzt hatte, schüttete er ihm den Rest ins Gesicht und schlug eine gellende Lache an, als er sah, wie der Wein, vom Steinbart des reglosen Kriegers tropfend, auf das Grab platschte.

„Rittmeister!" rief da einer seiner Kameraden hänselnd. „Nehmt Euch in Acht! ... Bedenkt, daß Scherze, die man mit solchen steinernen Gesellen treibt, einen gemeinhin teuer zu stehen kommen. Erinnert Euch, was den Husaren vom Fünften im Kloster Poblet passiert ist ... Eines Nachts, so heißt es, packten die Ritter im Kreuzgang ihre Granitschwerter und zahlten es denen heim, die ihnen zum Spaß mit Kohle Schnurrbärte ins Gesicht gemalt hatten."

Die jungen Burschen bewieherten diesen Witz; aber der Rittmeister redete weiter, ohne sich um das Gelächter zu kümmern, noch immer besessen von ein und demselben Gedanken:

„Meint ihr, ich hätte ihm den Wein gegeben, wenn ich nicht gewußt hätte, daß er zumindest das schluckt, was ihm in den Mund läuft? O nein! ... Ich glaube nicht, was ihr glaubt: daß diese Statuen nur ein Brocken Marmor sind, noch heute so leblos wie an dem Tag, als er im Steinbruch aus dem Berg gebrochen wurde. Unzweifelhaft verleiht der Künstler, der fast ein Gott ist, seinem Werk einen Hauch von Leben, der es zwar nicht schafft, daß es gehen und sich bewegen kann, aber ihm doch ein unbegreifliches, eigenartiges Leben einflößt, das ich mir nicht recht erklären kann, das ich jedoch fühle, vor allem wenn ich ein bißchen was trinke."

„Großartig!" schrien seine Kameraden. „Trink und sprich weiter!"

Der Offizier trank und redete, das Bild von Doña Elvira anstarrend, mit zunehmender Erregung weiter:

„Schaut sie doch an! ... Schaut sie an! ... Seht ihr nicht die wechselnde Rötung ihres zarten, durchscheinenden Fleisches? ... Habt ihr nicht den Eindruck, daß unter dieser feinen, bläulich glatten Alabasterhaut eine Strömung rosenfarbenen Lichts pulsiert? . . . Wollt ihr mehr Leben? . . . Wollt ihr mehr Wirklichkeit? . . ."

„O ja, aber gewiß!" sagte einer der Zuhörer. „Wir hätten gern, daß sie aus Fleisch und Blut wäre."

„Fleisch und Blut! ... Erbärmlichkeit, Fäulnis! ..." rief der Rittmeister. „In der Ausschweifung hab' ich's verspürt, wie mir die Lippen brannten, der Kopf. Ich hab's verspürt, dieses Feuer, das siedend durch die Adern schießt wie die Lava eines Vulkans, dessen stickige Dünste das Hirn umnebeln und verwirren und absonderliche Gesichte wecken. Der Kuß dieser leibhaftigen Weiber sengte mich wie ein rotglühendes Eisen, und ich stieß sie von mir, voll Abscheu, Entsetzen, ja Ekel; denn ich brauchte, damals wie heute, einen Hauch frischer Meeresbrise für meine erhitzte Stirn ... Eis wollte ich trinken, Schnee küssen ... Schnee, leicht getönt von einem sanften Licht; Schnee, überhaucht vom rötlichen Gold eines Sonnenstrahls ... Eine weiß schimmernde Frau, schön und kalt, wie diese Frau aus Stein, die mich anzureizen scheint mit ihrer phantastischen Schönheit, die zu schwanken scheint im Takt des Flammentanzes und mich anlockt, gelind ihre Lippen öffnend und unversiegbare Liebe verheißend ... Oh, ja! ... Ein Kuß ..., nur ein Kuß von dir kann die Hitze lindern, die mich verzehrt."

„Rittmeister!" riefen einige der Offiziere, als sie sahen, daß er, wie außer sich, auf die Statue zuging, mit entrücktem Blick und unsicheren Schritten. „Was für einen Irrsinn habt Ihr vor? Schluß mit dem Quatsch! Laßt die Toten in Ruhe!"

Der junge Mann hörte die Worte seiner Freunde gar nicht. Taumelnd, mit aller Mühe sich auf den Beinen haltend, tappte er bis zur Gruft, trat schon an die Statue heran; doch wie er die Arme ausstreckte, hallte ein Schreckensschrei durch die Kirche. Überströmt von Blut, das ihm aus Augen, Mund und Nase schoß, war er jählings zusammengebrochen und lag mit zerschmettertem Gesicht zu Füßen des Grabmals.

Die Offiziere, stumm vor Entsetzen, wagten es nicht, auch nur einen Schritt zu tun, um ihm zu Hilfe zu kommen.

In dem Moment, da ihr Kamerad seine glühenden Lippen den Lippen von Doña Elvira nähern wollte, hatten sie gesehen, wie der reglose Krieger seinen Arm reckte und ihn mit einer ungeheuren Maulschelle von seiner gepanzerten Steinhand niederstreckte.

I N H A L T

Das Teufelskreuz
5
Das weiße Reh
31
Meister Pérez der Organist
58
Die grünen Augen
80
Glaubt an Gott!
91
Der Gnom
109
Der goldene Armreif
131
Der Geisterberg
141
Das Heiratsversprechen
154
Das Miserere
169
Der Bildstock mit dem Totenkopf
184
Der Kuß
200

Die ‚Leyendas' erschienen in Buchform
zuerst in der von Bécquers Freunden postum
herausgegebenen zweibändigen Werkausgabe
‚Obras', Madrid 1871.

Printed in Germany 1982
Design: Heinz Edelmann
Fotosatz: Steffen Hahn, Kornwestheim
Druck und Binden:
Hieronymus Mühlberger, Augsburg

CIP – Kurztitelaufnahme der Deutschen Bibliothek
Bécquer, Gustavo Adolfo:
Die grünen Augen: Phantasiestücke /
Gustavo Adolfo Bécquer.
Aus d. Span. übers. von Fritz Vogelgsang.
Stuttgart: Klett-Cotta, 1982.
(Hobbit Presse)
Einheitssacht.: Leyendas <dt.>
ISBN 3-12-900541-2